# 用奋斗托举梦想
## ——一位全国劳动模范的回忆与感悟

◎ 奕永庆 著

中国农业科学技术出版社

图书在版编目（CIP）数据

用奋斗托举梦想：一位全国劳动模范的回忆与感悟 / 奕永庆著 . -- 北京：中国农业科学技术出版社，2024.5
ISBN 978-7-5116-6827-1

Ⅰ. ①用… Ⅱ. ①奕… Ⅲ. ①回忆录－中国－当代 Ⅳ. ①I251

中国国家版本馆 CIP 数据核字 (2024) 第 102354 号

| | |
|---|---|
| 责任编辑 | 崔改泵 |
| 责任校对 | 李向荣 |
| 责任印制 | 姜义伟　王思文 |
| 出 版 者 | 中国农业科学技术出版社 |
| | 北京市中关村南大街 12 号　　邮编：100081 |
| 电　　话 | （010）82109194（编辑室）（010）82106624（发行部） |
| | （010）82109709（读者服务部） |
| 网　　址 | https://castp.caas.cn |
| 经 销 者 | 各地新华书店 |
| 印 刷 者 | 北京地大彩印有限公司 |
| 开　　本 | 160 mm×230 mm　1/16 |
| 印　　张 | 17 |
| 字　　数 | 228 千字 |
| 版　　次 | 2024 年 5 月第 1 版　2024 年 5 月第 1 次印刷 |
| 定　　价 | 68.00 元 |

版权所有·侵权必究

# 作者简介

奕永庆,浙江余姚人,1982年毕业于浙江水利水电专科学校,1996—2000年攻读武汉大学在职研究生,获工程硕士学位。教授级高级工程师,全国劳动模范,享受国务院特殊津贴专家,ICID国际节水技术奖获得者。

长期在基层一线从事农田水利工作,其中研究推广"水稻薄露灌溉""喷滴灌优化设计"两项技术,均由浙江省政府召开现场会推广,成果被茆智、王浩、康绍忠、刘昌明等院士评价为"处于国际领先水平"。

出版《经济型喷微灌》《喷滴灌效益100例》《喷滴灌优化设计》等6本著作,其中1本著作入选新闻出版总署、中央文明办"农家书屋"推荐目录;发表论文40多篇,其中10篇在国际会议上用英语宣读;获得20项专利授权,其中发明专利15项。

# 内容提要

　　本书主要内容分为两部分：第一部分为作者50年回忆，即从初中毕业到多次走上国际讲坛，从青年学子到成为享受国务院政府特殊津贴专家，从田间到迈进人民大会堂，出席"全国劳动模范和先进工作者表彰大会"的奋斗历程，这部分写自己，以记叙为主；第二部分是作者半个世纪以来的人生感悟，是从切身经历中得出的体会，归纳为"成功源自有目标""用奋斗托举梦想""用创新点亮人生"等10个方面，这部分主要写别人，以议论为主。书末附录列出对作者影响较大的"励志名言"73条、"励志书籍"73种（目录）。

　　本书为将把我国推向世界舞台中央的年轻一代而作，是作者真情的记录、实感的抒发，内容丰富、感情真挚，可供新时代广大青年阅读。

◆ 评上教授级高级工程师留念（2002）

◆ 与茆智院士（右一）、雷声隆教授（左一）在武汉大学留影（2001）

◆ 评上全国劳动模范时留影（2015）

◆ 参加全国劳模和先进工作者表彰大会后留影（2015）

Foreword

喷滴灌技术是现代农业的重要标志，综观世界上农业强国，都广泛应用喷滴灌技术，以色列更是应用滴灌技术创造了沙漠农业的奇迹。2007年我去以色列考察，看到所有植物根部都有黑色的滴灌管连着，有管的地方就有绿色和

◆ 茅临生

鲜花。同时了解到他们作物的产量是我们丰水地区的5～10倍，而且品质很好，这使我强烈感受到：喷滴灌不仅是节水抗旱，而且也能降低施肥、喷药、灌溉的人工成本（浙江省的当务之急），同时还是精准作业减少水肥药的资源消耗，提升农产品品质的需要。这是传统农业向高效农业转变的重要抓手和切入点。而要高起点加快这一进程，开放引进是比较好的途径。因此，我们在以色列考察相关企业，并讨论引进设备，保证传授喷滴灌操作技术，并确保辅导各种农作物在喷滴灌条件下栽培技术的基础上，在浙江省11个地市的各类经济作物都抓试点，决定用1 000万元人民币引进喷滴灌设备，在全省布局23个示范点。

回国后，我到各地调研喷滴灌情况，2008年初，我收到奕永庆同

# 用奋斗托举梦想

志送来的喷滴灌推广总结资料,看到喷滴灌技术运用在余姚已经有了很好的基础,原来,20世纪70年代末全国开始抓实现农业机械化,曾经推广过喷滴灌技术,但当时设施成本高,江南不缺水,人工成本低,没有高效农业的需求动力,基本没有推广开来,只有浙江余姚坚持下来,做大了,农民受益了。原因是县领导和奕永庆同志等技术人员把节水灌溉的普遍原理与余姚农业农村的具体条件相结合,创造性的实施了经济型喷滴灌(为降低阀门成本,他们把排水用的大水管进水口里插一个小水管就成了阀门,小水管拔掉,就相当于阀门打开了)。我多次到余姚调研后发现,喷滴灌在梨树、葡萄、蔬菜、兔场、猪场和毛竹生产等的应用中都能降本增效,我切身体会到喷滴灌是转变农业增长方式的重要切入点,余姚的农民已经有了实践经验,余姚的水利农技人员已经有了成熟的技术经验总结,余姚是个好典型。2009年浙江省政府在余姚召开了现场会并下发了推广文件,还连续两年把"省长机动资金"各1 000万元,用于全省喷滴灌技术推广示范工作,旨在加快这项技术在全省推广。经济型喷滴灌是把国外的喷滴灌技术中国化的重要突破,取得这个成果一靠余姚有良好的环境,二靠余姚有人热情试验研究;有关人员的作用得以充分发挥出来,这其中奕永庆同志起了重要作用,他探索总结的有关技术资料是他们创新实践的结晶,是造福农业、农民的宝贵财富。

由于工作关系,我对奕永庆同志了解较多。他长期从事农田水利工作,20世纪末研究水稻节水灌溉,得到省政府重视并在余姚召开过现场会,21世纪初以来研究经济型喷滴灌技术,潜心于把科学技术转化为生产力,为农民增加收入、降低生产成本、减轻劳动强度殚精竭虑,他是把论文写在大地上的卓越工程师。他的工作受到广大农民的欢迎,得到各级领导的肯定,相继获得国务院特殊津贴、国际节水技术奖、浙江新农村建设带头人·金牛奖、全国劳动模范、全国农业节水科技突出贡献奖等荣誉,这是社会对他的至高褒奖。退休以后,奕永庆同志担任余姚市老科技工作者协会会长。他联系农户,帮助农民用好节水灌溉设施和水肥一体化技术;联系灌溉企业,为他们提供技术创新服务;同时走进大学校园、机关,为青年学生、年轻干部作励志报告;还走进社区、农村为市民、农民作科普讲座。奕永庆同志善于创新实践,还善于理论总结,笔耕不辍,出版多部专著,为农业现代化添砖加瓦,为年轻一代励志鼓劲,继续为社会主义现代化强国建设贡献正能量。奕永庆发挥了老科技工作者助力乡村振兴、助力企业技术创新、为全民科学素质提升服务等带头作用,使余姚市的老科协工作一直走在前列。

值此奕永庆等同志的新作《节水灌溉设备选型》以及他的回忆录《用奋斗托举梦想》出版之际,特此祝贺,是为序。

浙江省老科技工作者协会会长　茅临生

2023年9月24日　于杭州

(注:茅临生,曾任浙江省杭州市市长,浙江省人民政府副省长,浙江省委常委兼宣传部部长,浙江省人大常委会党组书记、常务副主任)

我国的基本国情是人多、地少、水缺，还有8亿多亩旱作耕地，产量不足灌溉地的一半。近十年来我国年均进口粮食在1.2亿吨以上，对外依存度在20%左右，形势严峻。习近平总书记指出："粮食安全是'国之大者'，耕地是粮食生产的命根子""真正把15.46亿亩永久基本农田建成适宜耕作、旱涝保收、高产稳产的现代化良田"。全面实施节水灌溉，实现在农业用水总量不增加

◆ 高占义

的前提下，扩大灌溉面积，提高耕地单产和总产量，这是确保我国粮食和主要农产品安全的根本途径，也是农业强国、产业振兴不可或缺的基础设施，这是时代赋予我们的历史使命，也是灌溉行业的历史性机遇。

近日收到奕永庆、陈瑾同志的新作书稿《节水灌溉设备选型》，十分欣喜，在我记忆中奕永庆同志出版过多本节水灌溉著作，分别侧重"设计""科普""推广"方面，而这本"设备选型"的问世，就完成了一套"节水灌溉系列丛书"，同时也为我国节水灌溉图书填补了空白，

我向作者表示热烈的祝贺！仔细浏览，感到书稿既积淀了作者多年实践经验和思考，又融汇了对灌溉企业的大量调查研究，资讯量大面广，具有较高的可读性和实用价值，主要体现在如下几方面。

（一）为广大设计单位和农户提供了灌溉设备的"选择指南"。

（二）帮助灌溉企业了解"同类"产品和"上下游"产品。

（三）为灌溉企业和相关单位及广大农户提供了节水灌溉设计的新理念、节水灌溉发展的新方向、节水灌溉产品应用的新领域。例如：

（1）"小流量设计"可以提高灌溉质量，同时降低工程造价。

（2）"智能化＋电磁阀"可节约90%管理用工，是发展的新方向。

（3）微喷灌可用于畜禽养殖场，喷雾是最节能的降温措施，喷药是最省工的消毒措施。

（4）"垂直植物工厂"可不占耕地，而建在城市、沙漠、戈壁上，可年产蔬菜15～20茬，是设施农业、水肥一体化的高级阶段。

（5）"水稻节水灌溉"面积大，对输水管道、供水阀门、智慧控制等产品需求量极大。

（6）在灌溉系统中安装流量计、农灌水表，既是科学灌溉的需要，又是计量收费、确保工程进入良性循环的基础。

（7）土壤湿度计（张力计、墒情仪）应该像温度计那样普及，以避免灌水的盲目性，提高灌溉的科学性。

（8）盐碱地改造、城市绿地、道路绿带、庭园绿化是节水灌溉应用的新领域。

（9）为解决喷灌与农业机械的矛盾，面积百亩以上可采用移动喷灌机，面积较小的则可采用升降式喷头，技术上已基本成熟。

（10）设计、施工＋运行管理一体化的"元谋模式"，是确保工程长期发挥效益的有效机制。

以上十点可供新型农业经营主体带头人和灌溉同仁参考。

奕永庆同志1966年初中毕业，在回乡务农期间刻苦自学高中课程，1978年考取大学（当年录取率7%），学习水利工程机械专业；1982年大学毕业从事农田水利，结合工作又自学了机电排灌、机电一体化、农田水利、作物栽培、给排水等本科课程；20世纪90年代推广水稻节水灌溉，进入21世纪推广喷滴灌，这两项技术都由浙江省政府召开现场会大面积推广；他自学英语，多次在国际会议上用英语宣读论文；他攻读在职研究生，获得了武汉大学工程硕士学位；他被授予国务院特殊津贴专家、全国劳动模范等崇高荣誉。2013年国际灌溉排水委员会授予他当年全球唯一的"国际节水技术奖"；2019年在新中国成立70周年之际，中国农业节水和农村供水技术协会授予他"农业节水科技突出贡献奖"。我是这两项荣誉的推荐者和见证者之一。作为时任国际灌溉排水委员会主席，我于2013年10月1日在土耳其马尔丁市召开的国际灌溉与排水委员会第64届执行理事会上为他颁发了国际节水技术奖证书。

武汉大学老校长刘道玉说："真正的人才都是自学成才的，一个人是否能够成才，不取决于名校和名师，只能取决于自己，具体地说决定于自己的志趣、理想和执着精神。"奕永庆同志就是这样一位自学成才的典型代表。

业精于勤，历经五年打磨，今年奕永庆同志还完成了回忆录《用奋斗托举梦想——一位全国劳模的回忆与感悟》著作，他的切身感悟引起我的共鸣："读书很重要，'书到用时方恨少'，实践更重要，'绝知此事要躬行'，知行合一最重要，'知是行之始，行是知之成'，谁把理论与实践结合得最好，谁就是最成功的人。"奕永庆来自王阳明的家乡浙江余姚，他是"知行合一"理念的成功践行者。我相信他的奋斗经历和切身感悟一定能给新时代的青年以启迪：无论从事什么工作，

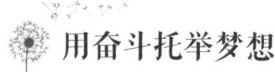 **用奋斗托举梦想**

只要既志存高远、又脚踏实地,就一定能在平凡的岗位上创造不平凡的人生。自身奋斗创佳绩,分享心得励新人,正是这两部新作的价值所在。

国际灌溉排水委员会终身荣誉主席<br>
中国水利水电科学研究院原总工程师<br>
2023 年 12 月 17 日

# Preface 前　言

我是时代的幸运者！

1951年5月，我出生在新中国诞生初期"土地改革"的喜庆日子，出生当天家里就分得2亩土地。

1966年6月，时逢"文化大革命"爆发，失学、回乡、务农，好在已读完三年初中，期间悄悄自学高中数学、物理、化学……

1978年7月，"日出江山红胜火，春来江水绿如蓝"，在科学的春天里，我参加了高考，所在考点400名考生录取仅2人，我是其中之一，印证了巴斯德名言"机遇总是偏爱那些有准备的头脑"。

1982年初，大学毕业，分配到家乡余姚县水利系统，在改革开放的春风里，建设高标准农田、推广节水灌溉技术、致力于"国家粮食安全"和"增加农民收入"，工作34年获得36项荣誉。其中：

2012年，被评为"国务院特殊津贴专家"；

2013年，由国家灌溉排水委员会推荐，获全球唯一的"ICID国际节水技术奖"；

2014年，获"浙江新农村建设带头人·金牛奖"；

2015年，荣膺"全国劳动模范"；

2019年，退休后的第三年，获得全国"农业节水科技突出贡献奖"，同年还喜获由中共中央、国务院、中央军委颁发的"庆祝中华人民共和国成立70周年"纪念章。

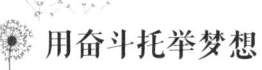
## 用奋斗托举梦想

在希望的田野上实现了人生价值!

好友用诗一般的语言赞誉:"在萌萌的春天努力,青春无悔;在怒放的夏天奋斗,中年无悔;在金色的秋天收获,老年无憾。你是一个故事,内容丰富的故事,从杭州湾畔草房的小阁楼到国际讲坛,故事很长,会让人落泪。因为同处逆境时,别人失去了信心,你却下决心走到底,实现了自己的目标,你的一生是一部很生动、很励志的书,将激励更多的奋斗者!"

青春留不住,白发自然生。

在亲人和朋友的鼓励下,我努力回忆并记录平凡的工作和切身的感悟,终成书稿,内容分为两部分:

第一部分,记叙从初中毕业到多次登上国际讲坛、国际奖坛,从田间到迈进人民大会堂,出席"全国劳动模范和先进工作者表彰大会"的经历,列为十五章;

第二部分,是从半个多世纪的人生经历中感悟出的体会,旨在探索成才之道,是本书的重心所在,归纳为十句话,即十章,其中:

"成功源自有目标"。没有理想的人是温饱之后的精神贫血,这句话虽然逆耳,但催人奋进。

"用奋斗托举梦想"。人生就是奋斗,只有奋斗,天资才能发挥,只有奋斗,灵感才能出现、机遇才能被抓住。

"把读书作为生活方式"。读好书是基础,化为行动是关键,把书本与实际、理论与实践结合得最好者,就是最成功的人。

"用创新点亮人生"。创新是成才的前提,不会创新,工作成果只能是"相加"的和,而善于创新,则工作绩效是"相乘"的积。

"榜样的力量无穷"。命令只能指挥人,榜样却能激励人,心中有榜样,就能潜移默化,形成积极向上的人生观。

这部分介绍了30多位奋斗者的故事,其中有国家荣誉获得者、科学巨匠、运动员和"快递小哥"。

"志不立，天下无可成之事"，这是我的家乡余姚先贤王阳明的箴言。当代青年出生在一个伟大的国家，成长在一个最好的时代，肩负"把中国推向世界舞台中央"的历史使命，这是你们这一代人的人生之幸！

美好的人生始于梦想、基于实干、成于创新。

"常恨言语浅，不如人意深"，衷心祝愿青年朋友们志存高远，用奋斗点亮人生的春天，用奋斗托举梦想，脚踏实地走向成功！

奕永庆

2023 年 10 月于北京

## Contents 目 录

序一
序二
前言

# 第一部分

## 第一章　我的家史　02

一、祖籍的变迁 / 02
二、奕姓的传说 / 03
三、父亲的创业人生 / 05
四、母亲的勤劳和内疚 / 06

## 第二章　青春梦想　09

一、"作文写得好的人" / 09
二、"无线电专家" / 11
三、"也要考大学" / 13

## 第三章　"串联"路上　15

一、见到"闰土" / 15
二、走过钱塘江大桥 / 16
三、海关大楼钟声 / 17
四、结缘科技书店 / 19

## 第四章　回乡十年　20

一、两本科普书 / 20
二、那年我十八岁 / 21
三、自学高中数理化 / 23
四、务农一千零一天 / 24
五、"一面红旗" / 25
六、冒险学英语 / 26
七、我的夫人 / 27
八、高考录取 / 29

## 第五章　大学生活　32

一、与"水利"有缘 / 32
二、"把十年损失补回来" / 33

三、理解"误差" / 34

四、"工程师的魅力" / 35

五、"最高艺术奖" / 36

六、播下创新的种子 / 37

## 第六章
## 好书和贵人 39

一、《科学发现纵横谈》/ 40

二、《人生就是奋斗》/ 42

三、《发明与革新的技巧》/ 43

四、茆智老师 / 44

五、副秘书长陈龙 / 46

六、副省长茅临生 / 48

## 第七章
## 工作创新 51

一、为"爱的曲线"放样 / 52

二、小创新解决大难题 / 54

三、让农民喝"矿泉水" / 56

四、给作物"打点滴" / 57

五、防止"病从口入" / 58

## 第八章
## 水稻节水 59

一、技术选定 / 59

二、做出样子给农民看 / 60

三、"鲁迅关心余姚人" / 61

四、用大白话讲解科学道理 / 62

五、省政府现场会 / 64

六、"可持续发展在中国"优秀案例 / 67

## 第九章
## 国际会议 70

一、武汉会议用英语宣读论文 / 70

二、北京会议获评优秀论文 / 73

三、伊朗会议听总统讲节水 / 74

四、德国会议享"论文专家"待遇 / 75

## 第十章
## 高标准农田 79

一、农业示范园区 / 79

二、节水灌溉示范区 / 80

三、农田也应有"静脉" / 81

四、美丽乡村建设 / 83

# 目 录

## 第十一章 人大代表 85

一、呼吁"解决百万农民饮水安全问题" / 86

二、呼吁"大力推广喷滴灌技术" / 87

三、呼吁"实施姚江东排工程" / 88

四、呼吁"跨海铁路必须经过余姚北站" / 89

## 第十二章 喷滴灌设计 92

一、自学三门新学科 / 93

二、"十年磨一剑" / 95

三、"处于国际领先水平" / 97

四、"使余姚之花开满浙江、开遍全国" / 98

五、"典型的体力透支" / 100

六、"你真是干了一件大事" / 101

七、农户介绍效益 / 103

八、"大众喷滴灌"丛书 / 106

## 第十三章 收获季节 111

一、浙江省劳动模范 / 112

二、国务院特殊津贴专家 / 113

三、国际节水技术奖 / 114

四、新农村建设带头人"金牛奖" / 118

五、全国劳动模范 / 119

六、农业节水科技突出贡献奖 / 123

## 第十四章 黄金岁月 125

一、大学讲课 / 125

二、行万里路 / 129

三、读千卷书 / 133

## 第十五章 水利科普 136

一、"菲特"洪灾成因分析 / 136

二、为什么现在洪水频发？/ 139

三、南方为什么也要节水？/ 140

四、三峡工程，国之重器 / 141

# 用奋斗托举梦想

## 第二部分 感悟

### 第一章 成功源自有目标 — 146

一、目标、理想和梦想 / 146

二、"梦想"的格言警句 / 147

三、用脚书写出灿烂人生 / 148

四、"当代毕昇"——王永民 / 149

五、一位大学校长的寄语 / 151

### 第二章 用奋斗托举梦想 — 153

一、爱拼才会赢 / 153

二、"奋斗"的格言警句 / 154

三、"敦煌女儿"樊锦诗 / 156

四、"奋斗着，就是幸福" / 158

五、"奋斗达人"王利芬 / 159

### 第三章 把读书作为生活方式 — 161

一、"书到用时方恨少" / 161

二、"读书"的格言警句 / 163

三、俞敏洪"每年读60本书" / 164

### 第四章 用创新点亮人生 — 166

一、对创新的几点认识 / 166

二、"创新"的格言警句 / 168

三、科学巨匠的创新特点 / 170

四、"糖丸爷爷"顾方舟 / 172

五、"创新奇人"褚时健 / 174

### 第五章 勇于冒险胜过谨小慎微 — 176

一、胆怯与鲁莽之间是智慧 / 176

二、"冒险"的格言警句 / 178

三、"战地记者"水均益 / 178

四、"南沙海战"中的冒险 / 179

### 第六章 榜样的力量无穷 — 182

一、榜样是精神支柱 / 182

二、"榜样"的格言

警句 / 185

三、"轮椅上的梦者"——
张海迪 / 186

四、"用右手撑起天空"的
张超凡 / 187

五、丁肇中："专心 + 刻苦 +
努力" / 188

## 第七章　190
## 感恩是人生智慧

一、感恩是成功的阶梯 / 190

二、"感恩"的格言
警句 / 191

三、不要让别人把我们
落得太远 / 192

四、普京冒险救恩师 / 194

## 第八章　197
## 机遇使人辉煌

一、机遇"两点论" / 197

二、"机遇"的格言
警句 / 199

三、会讲话，得
机遇 / 200

四、快递小哥李庆恒 / 201

## 第九章　203
## "坚持"比"放弃"只多一笔

一、"靡不有初，鲜克
有终" / 203

二、"坚持"的格言
警句 / 205

三、坚持就能成功 / 206

四、坚守 22 年铸
"天眼" / 207

五、"奥冠"的秘诀：
"坚持到底" / 209

## 第十章　210
## 差距在于时间利用

一、"荣誉是加班得
来的" / 210

二、"时间"的格言
警句 / 211

三、与时间赛跑的
陈薇 / 212

四、"不抱怨，靠自己"的
崔万志 / 214

感悟"金句"　216

| | |
|---|---|
| 结束语 218 | 附录2 本人阅读的主要 |
| 后记——《中国水利报》 | 励志书籍 234 |
| 　征文获奖 220 | 附录3 本人人生主要 |
| 附录1 本人摘抄的主要 | 　节点 240 |
| 　励志格言 225 | 鸣谢 243 |

# 第一部分

# 第一章　我的家史

## 一　祖籍的变迁

◆ 绍兴袍江大桥

我的祖籍在绍兴乡下上虞县西北隅的一个被称为"南汇"的地方，就是如今从杭甬高速上能看到的曹娥江"袍江大桥"的北端，现属绍兴市滨海新区。这里南面、西面是曹娥江，北面是钱塘江，由近代多次围垦而成。受钱江涌潮的影响，这里自古以倒海涂、毁海塘为患，土地稀缺。解放初期"土改"时，全国人均分得土地2亩，而这里人均仅有半亩，属于"一方水土养不活一方人"的地方，所以历来青壮年多外出谋生，爷爷那一辈都是撑海帆船的，漂泊于上海、舟山、福建一带，其中爷爷的两个兄弟被海盗打死，而我的爷爷被打得遍体鳞伤、奄奄一息，但幸免于难。

到了父辈这一代，祖父母决定尽量不再让儿子出海撑船，让父亲兄弟四个都上了学，且都有高小水平，这在90多年以前、20世纪三四十年代的农村是很不容易的。然后只安排大伯父继续撑海帆船，而让二伯父、四叔父到舟山学做生意，我父亲（老三）到余姚种地。

20世纪七八十年代，上虞县在北部杭州湾边围垦海涂29.3万亩，原来狭窄的"半岛"向北延伸了十多公里，变成了广袤的沃野。21世纪初，这片新土地上崛起了绍兴市滨海新区，老家也被划入了新区，现在这里南有袍江大桥纵跨曹娥江，北有嘉绍大桥飞越杭州湾，天堑变通途，成了绍兴的新地标。2020年5月，堂兄来电告诉我，由于滨海新区发展的需要，南汇村整体搬迁，即将旧貌换新颜，从此见不到"乡愁"，今后绍兴滨海新区的南大门就是我的老家！

## 二 奕姓的传说

这个"奕"字，读"神采奕奕"没有人会出错，可是作为姓氏，读对的人却不多，我常半开玩笑地说"已吃了半辈子苦头"了，一旦有人读对，我立即对他肃然起敬！多数人见到这个字便哑然失声，我心里立马悚然："不幸的事又要发生了！"只见对方眼睛紧盯片刻，果然蹦一个"栾"音！我们这一家族的人都遭受过此番窘境。后来每当看到那些在电脑低头找字，十几秒钟还不抬头的人，为了避免尴尬，我就主动解围：拼音yi、五笔YODU。

百度上对"奕姓起源"的说法有五种，我感到其中比较"像"的是：奕出自春秋时魏献子之后姓王，其后人易姓奕氏，这与我家祖辈的传说较为吻合。父亲曾说，我们祖上住在绍兴王公浦，祖先本姓王，

## 用奋斗托举梦想

以做"道士"为生,炼仙丹给人治病,明朝年间先人为一位皇帝看病,仙丹当然救不了命,由此犯了"欺君之罪",欲遭株连九族,被迫改姓,因王的含义是"最大",舍不得改,又不得不改,急中生智,悄悄改为"亦大",即"奕",隐含"也大"之意,"不能最大了,但还是大的",这是先人的自我安慰!

2015年回老家,一位堂叔告诉我,祖上给看病的是嘉靖皇帝。那么可以确定"改姓"的事发生在1567年,因为嘉靖帝是那年"驾崩"的,距今已450多年,这使传说更有了历史感。近几年,我在史书中读到,给嘉靖帝献仙丹的是一个叫王金的绍兴人,也许正是奕姓的先人,这使"奕姓王改"的传说从扑朔迷离到了似乎确有其事,一位王姓好友戏称:"奕姓王来王姓奕,原来王奕是一家!"

正如姓周的人以周恩来总理为荣一样,我在20岁时读范文澜先生的《中国通史简编》,也想从中找到姓奕的伟大人物,可通读全书只找到一个奕山,却是个坏人,很是扫兴,后来读了晚清历史才知满清皇族姓"爱新觉罗",奕不是姓,是道光儿子辈的"字",如:

奕詝,道光四子,就是咸丰,其妃嫔是祸国殃民的慈禧;

奕訢,道光六子,洋务运动首领,《北京条约》签订者;

奕譞,道光七子,光绪生父,动用海军经费修颐和园的是他;

奕劻,道光侄辈,内阁总理大臣,与李鸿章共签《辛丑条约》;

奕山,道光侄辈,割地150多万平方公里的条约基本上由他画押。

1997年,我女儿填写高考志愿时,老师问我是不是满族?如是少数民族可以加分,我开玩笑说:"不是啊,如果是,早已当政协委员了!"不过第二年还真的当了人大代表。因奕字有"美丽、光明、智慧广博"的含义,如今年轻父母用这个字给孩子取名成为时尚,据2021年公安部的报告,"奕辰"是新生男孩使用最多的名字,今后读错这个字的人有望越来越少!

## 三 父亲的创业人生

父亲1928年生,属龙,故取名锦龙。1942年14岁那年,由他的姑父带着,沿钱塘江、杭州湾海塘步行80里(注:1里=0.5公里=500米。下同)来到余姚谋生,在杭州湾边租地种棉花。父亲很会打算,经十年打拼,到解放时已租有十多亩土地,经济上已很殷实,建造了当地最好的草房:一是高,一丈九尺六寸,折公制6.53米;二是配有楼板桁条,铺上木板就是"小阁楼",睡在楼上可听见杭州湾的涛声;三是用上了"斯必灵"的门锁,学了英语以后才知道是"弹簧"(Spring)锁的意思,这种"洋锁"在家乡直到1980年以后才开始使用,可见当年父亲思想之超前,这些从小让我引以为傲,但土改时被划为"中农"成分,几乎影响了父亲的半生。

我父亲会代人写信、写文书,还会打算盘记账,有一次脱口说出孙中山先生的遗嘱:"革命尚未成功,同志仍须努力……",使我更添敬意,也理解了远亲近邻称他为"龙相公""绍兴师爷"的缘由。所以"重视读书"可算是我家的家风。父亲有文化,参加了土改工作,本来会有较好的前途,但他是"小农经济"思想,从年轻起就喜欢创业,土改结束后就回家种地,种过甘蔗、棉花,轧过皮棉,烧过白酒,据说有一次差点犯法坐牢。

1957年选择以"缝

◆ 家人合影
◆ 后排左起 为表叔、父亲、二弟永芳、大弟永亮、三弟永银、我和小弟永苗,前排左起是侄子文渊、敏敏、小超(1997)

纫"为终生职业,并担任了大约 30 年"光明服装社"的社长。在文化大革命中被批判为"资本主义大王",直至邓小平拨乱反正,他被压抑了大半辈子的"经济脑袋",本来可以放手大干了,可惜此时已年过花甲,真可谓"夕阳无限好,只是近黄昏"。虽然力不从心,但晚年还在家中开了个不大的"杂货店",这也许是一种精神寄托。他对改革开放后国家翻天覆地的变化从心底里高兴,为这个家在政治上彻底翻身,为我们兄弟个个都事业有成而感到欣慰。

父亲于 2008 年病逝,我们弟兄和妯娌间很和睦,父亲病重期间弟弟们说"哥哥是忙人,不用值班",都由弟弟、我夫人及弟媳们陪护,我仅陪了一个晚上,为此对父亲留下深深的歉意和遗憾,同时对夫人、弟弟及弟媳们怀有浓浓的感激之情!

## 四 母亲的勤劳和内疚

我母亲没有读过书,可她很懂做人的道理,在我心中她属于"虽不识字,却有文化"的人,教我许多"老话",如:

"好记性不如烂笔头"(勤做笔记);

"三早抵一工"(起床早、干活效率高);

"前半夜想想自己,后半夜想想别人"(设身处地);

"绣花枕头稻草芯"(华而不实);

"衣不长寸、鞋不长分"(误差要小);

"鸡不见人大、人不见山大"(相对寿命太短)。

余姚古属绍兴,这其实都是绍兴老话,朴素却透出人生的哲理。

母亲生性乐观、讲话幽默,用家乡话说是会讲"戏话",有一次去亲戚家,她对主人说:"小菜不要太多,宁可多肉、不要少鱼";还有一次她说"长久不吃我的了,今天要吃你的啦!"我听了忍俊不禁,后来当了语文老师,才知这在修辞上称为"偷换概念"。母亲还让我们姐弟猜谜语:"油瓶斤十七,带油二斤一,问瓶中有多少油?"我们猜了半天,原来油瓶是空的(老秤16两为1斤)!长大后才知道,这叫"脑筋急转弯"。

母亲受家乡人称赞的是勤劳。她朴素的人生观是:"做人做人就是要做",家里所有的体力活,都由她承担,如挑柴、担水、翻地、施肥,还有每年的修草房、补漏洞,是典型的"既当娘、又当爹"。在生产队里,"小庆娘"的勤劳能干是出了名的,如拔棉花秆、摘大豆、割麦子等活,她总是最快的一个,自己干完了就去帮别人。白天生产队劳动,晚上和雨天在家里缝衣服,且越到春节越忙,人家早早就忙着杀鸡、宰羊、做年糕、磨豆腐,准备过新年,而我母亲总要忙到年三十下午3点才转换角色。

由于长期劳累过度、心力交瘁,母亲患绝症于1976年去世,过早地离开了我们,年仅48岁。好友曾用散文的语言追思:"一片微黄尚青的树叶,从树上缓缓落下来,静静地躺在树根的旁边,风吹来一丝不动,就这样静静地守候着、滋润着、护呵着树木的长大,变成污泥终不悔。"

很有龚自珍"落红不是无情物,化作春泥更护花。"的意境。

母亲没留下一张照片,成为我们儿孙辈共同的遗憾。

我在回乡务农和教书期间,有多次被推荐上大学、参军、招工的机会,都因家庭问题而化为泡影,其原因还是两个:一是中农成分家庭;二是"资本主义"家庭,因为父母、姐姐、大弟都做裁缝。这双重的"家庭问题",导致一次次机会降临、旋即失去,一个个希望升起、瞬间破灭,只留下一道道心灵的伤痕。"家庭问题"的包袱像幽灵一样影响着我们兄弟的命运,彼时的心境恰如当时流行的一句话:"我像一只隔着玻璃向外飞的苍蝇,明明看见外面明朗的天,但撞破头也飞不出去。"

## 用奋斗托举梦想

母亲在离世前，竟以内疚的心情对我说："永庆啊，是我们这个家对不起你……"母亲含辛茹苦把我们姐弟5人抚养长大，却没来得及享一天福，临终前却向我表示歉意，彼时我的心情，至今还难以用文字表述。

◆ 外孙女："我妈妈是解放军"（2018）

如今，我们终于可以告慰母亲：改革开放后，"天高任鸟飞、海阔凭鱼跃"，我考上了大学，当上了人大代表，还成为全国劳动模范。弟弟们个个事业有成、家庭幸福：从小因眼睛近视，你放心不下的二弟永芳练就了一手好书法，成了家乡的文化名人；三弟永银办起了余姚市内最现代化的养猪场；小弟永苗则是一家出口企业的职业经理人。我家第三代都大学毕业，他们的未来都充满着希望。我的女儿浙江大学毕业后，携笔从戎，以军人为终生职业，代我实现了从军报国的夙愿。女婿从中国社会科学院博士毕业后，在国家机关工作。外孙女张奕琦，聪慧伶俐、乖巧可爱，小学二年级当上了中队长、小学四年级成为北京市海淀区的三好学生。

母亲，您在九泉之下安息吧！

◆ 外孙女在学习播音主持（2024）

# 第二章　青春梦想

我于 1957 年上小学，那年刚过 6 周岁，父亲领姐姐去报名我也跟着去了，大概是老师见我长得"大相"，让我也报了名，对小学课本内容的唯一记忆是："公园里的花是给大家看的，不能摘！"这句话 60 年后我还用于教育"内孙女"（我喜欢把外孙女称为内孙女）。

这提前一年上学对我的影响是深远的，1966 年"文化大革命"开始时我已读完三年初中，让我此后有了自学高中知识的基础，才使我抓住了历史机遇，有幸考上大学改变了命运。饮水思源，2012 年教师节前夕，我几经周折找到了 65 年前的第一位老师，显然老师也不是一般的高兴，我发现他有些激动，2020 年我再次去看望 93 岁高龄的启蒙老师时，特地佩戴了"全国劳动模范"绶带和奖章与他拍照留念。

## 一 "作文写得好的人"

1963 年我考入了家乡泗门区的中学，全区有 13 个乡镇，我所在的湖北乡万把人口，这年小学毕业有两个班，但考上初中的仅 8 人，中途辍学的有一半，读完三年初中的仅有 4 人。

## 用奋斗托举梦想

由于祖父母和叔伯堂兄都在绍兴,其中二伯父一家在城内,离"鲁迅纪念馆""周恩来祖居""秋瑾纪念碑"都很近,我暑假、寒假常去老家,到了绍兴城里第一件事就是去鲁迅纪念馆参观。

◆ 鲁迅外婆家附近的安桥头一角(引自百度)

自从语文课学了鲁迅的《社戏》《从百草园到三味书屋》等课文,还读了《学习鲁迅先生》等课外书,我对鲁迅的仰慕也与日俱增,最想去玩的当然是百草园,可是在文化大革命以前这里是不开放的,从而一次又一次失望。

◆ 读第一本写鲁迅的书(1965)

从绍兴城内到乡下,老家共有20多公里,先坐"轮船",上了岸大约还要步行2公里,这途中就要经过鲁迅的外婆家安桥头,路过鲁迅笔下的农村,经大伯父的指点,我看到了类似少年鲁迅看社戏的戏台,还寻找过"迅哥儿"与双喜、阿发偷罗汉豆的六一公公的那块田,可始终没有找到。

因为多次去鲁迅纪念馆,看到鲁迅因为"写作文"而受到那么多人的尊敬,逐渐有了第一个梦想,就是想当个作家,鲁迅有写日记的习惯，我也学着写日记。只是由于"文化大革命"中，所有写文章的人，除毛泽东主席和鲁迅先生以外都受到了批判，当时流行一句话："想想是气体、说说是流体、写下是固体"，所以当作家的梦想破灭了，但对写作仍有深深的眷恋。好在从事技术工作也需要"写作文"，我也习惯于把工作成果总结、梳理，编写成书，恐怕这也是受到了鲁迅的影响，受益匪浅。

## 二 "无线电专家"

我每次去绍兴老家都由堂兄永兴哥哥陪着，他比我大5岁，我小学毕业时他已上完高二，他给我讲物理、地理等知识，从太阳、月亮到宇宙星空，从高山、海洋到地壳、岩浆，从而把我带入了科学的世界。堂哥爱好无线电，看见他插在那草房顶上高高的天线，和拖在地上长长的耳机线，我羡慕极了，小学毕业那年他开始教我装简单的收音机，从最初的矿石收音机、电子管收音机，到半导体收音机。同时，我非常崇拜无线电发明人，前苏联的亚历山大·波波夫，当时还不知道爱因斯坦和爱迪生，而波波夫就成了我心目中的英雄，是我的第一个外国科学家偶像。此时也就有了第二个梦想，即想当一个无

◆ 无线电发明家（俄）波波夫（1859—1906）

线电专家，像苏联青年那样能够用无线电在城市和乡村之间建立起相互联系。

我国在1957年研制成功半导体二极管，我从1964年开始用二极管装配收音机，对无线电的爱好起步不晚，可惜没能成才。那时的收音机必须有室外天线，最理想的是在房顶上竖两根竹竿，顶端拉一根铜丝，为此我一次又一次扛来梯子、爬到草房的顶上安装天线，显然踩坏了房顶的草，邻居多次提醒我父母，可父母却从来没有因此而批评过我，爱子之情可见一斑。

大约在十六七岁那年临近春节，母亲给我三元钱，让我到镇上买猪肉，我却"挡不住诱惑"鬼使神差地走进了电器商店，发现有电子三极管，这可是我梦寐以求的，让我爱不释手，经过一番思想斗争，一咬牙居然买下了，回到家中母亲气得流下了眼泪。当天下午我用三极管装了收音机的"放大器"，终于从耳机的"蚊子叫声"中解放了出来，第一次从喇叭中听到了响亮的声音，我把喇叭挂在母亲床上的蚊帐钩上，"快来听！"情不自禁地喊，但母亲说了句："你听吧，这是被骂出来的！"随着年龄的增长，我体会到这既是爱恨交加，又是舐犊之情。

在"文化大革命"中，装收音机、听收音机有被怀疑为"里通外国"的危险，我的这一爱好也被扼杀，成为无线电专家的梦想也就此"夭折"，但对无线电的爱好却"一生情未了"，读大学时对《物理》中的相关内容特别感兴趣，此后《无线电》杂志订了近20年、《电子报》订了十多年，至今收音机是我听新闻、获取知识的重要来源之一。1966年8月18日毛主席第一次接见红卫兵、1970年4月24日我国第一颗人造卫星上天、2003年3月20日美国侵略伊拉克战争爆发等重大消息，都是第一时间从收音机听到的。如今，饭桌上还放着收音机；

第二章　青春梦想

"环球资讯广播，世界在你耳边……"

"天下财经，有高度、深度，每一次倾听都有价值……"

吃饭不误听新闻，也是我家的一大"特色"！

## 三 "也要考大学"

1964年春节，那年14岁的我跟父亲回老家，一天父亲四兄弟开"家庭会议"，原来堂哥这年高中毕业要考大学了，叔伯们郑重其事地讨论填报高考志愿的事，这个会上大人们讲了什么我都没印象，但记住了堂哥的一句话"要么不考、要考就考浙江大学"，这是我第一次听说有"考大学"这件事。

这年8月，我收到了堂哥的第一封来信，告诉我他已收到浙江大学的录取通知书，并鼓励我要努力学习，其中的两句话——"少壮不努力、老大徒伤悲""有志不在年高、无知枉长百岁"一直激励着我，这封信至今还珍藏着。从此与他经常通信，他让我有了积极向上的精神面貌，并有了考上大学的梦想。

有位邻居叔叔叫姚松林，也是浙江大学的，也属于"从草房里飞出来的金凤凰"，他每年放假常到我家来，从他口中我知道了大学里有无线电、机械、农业等许多专业，他大学的同学还有摄影、收音机等课余爱好，而

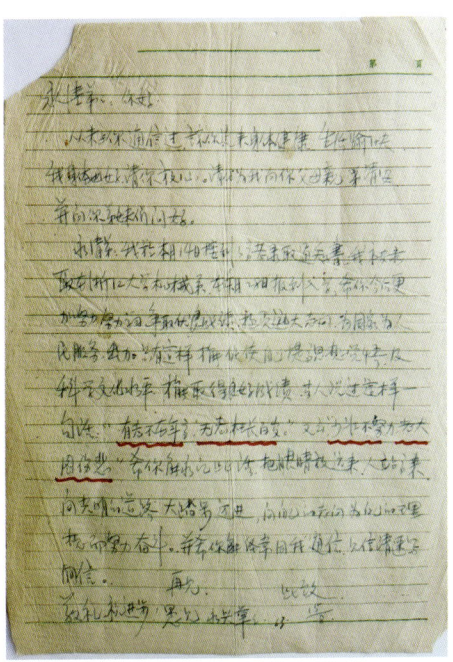

◆ 堂兄的第一封来信（1964）

· 13 ·

## 用奋斗托举梦想

他对缝纫情有独钟,是来向我父亲学习缝纫手艺的,并把我父亲的经验"上升到理论",把各种衣服裁剪图样,刻上蜡纸、油印成书,成为我父亲向徒弟传授技艺的"培训教材"、多次重印,其中的文字是仿宋体,横平竖直、刚劲挺拔,显示了浙江大学工科学生的扎实功底,也让我羡慕不已。他还喜欢无线电,他的多才多艺让我对大学心驰神往,从此也坚定了"我也要考大学"的理想。堂哥和叔叔是我的偶像,也是我的人生导师!

# 第三章 "串联"路上

1966年10月,全国学生掀起了"红卫兵革命大串联"的热潮,同年11月3日我与同学一行10多人,打着"红卫兵第三司令部"的旗帜,背着行军般的被包,喊着"步行串联光荣、游山玩水可耻"的口号徒步出发,目标是走到上海。

## 一 见到"闰土"

1966年11月4日晚到了绍兴,第二天上午到鲁迅纪念馆,大厅里坐着一个80多岁的老人,我与他有这样的对话记忆:

问:你是鲁迅先生的什么人?

答:我是他家的佣人。

问:你是闰土吗?

答:是的。(我当时听他是这么回答的,从此把他当成了闰土)

问:有祥林嫂这个人吗?

答:有的,是鲁迅先生远房的婶婶……

在此后多年,我曾以见到"闰土的原型"而高兴,但后来对这次

# 用奋斗托举梦想

"幸遇"作进一步查证,发现闰土的原型叫章闰水,家乡在上虞县曹娥江畔,即现今的道墟镇杜浦村,鲁迅在小说里多次写到的"海"其实是曹娥江,正如我家乡老一辈都把杭州湾称为"海",因此我们也被称为"海里人"。生活中的章闰水是小说中"长妈妈"的儿子,应是1936年与鲁迅先生同年去世,时年57岁;那么我见到的"闰土"是闰水的后人?经查证的结果是:闰水的大儿子叫章启生,就是小说《故乡》中水生原型,估计1966年时应该50多岁;而润水的孙子,即启生的儿子章贵1933年出生,1954年到鲁迅纪念馆工作,1966年才33岁,闰水两代后人年龄都与那老汉不符,那当年在纪念馆见到的"闰土"究竟是谁?一直藏于我的心中成为不解之谜!

## 二 走过钱塘江大桥

1966年11月6日我们走上了钱塘江大桥,当时已经知道大桥是茅以升设计建造的,是当时我国第一座双层铁路、公路两用桥。从雄伟的钱江大桥上走进美丽的杭州,崇敬和自豪的心情油然而生,后来逐渐了解了大桥的"身世"。

钱塘江大桥于1937年11月17日全面通车,总长1 453米,施工后期茅以升意识到日本鬼子将入侵杭州,就悄悄在桥墩上预留了埋放炸药的孔洞。同年12月23日,就在通车后的第36天,杭州沦陷。为阻止敌人越过钱塘江,茅以升受命引爆炸药,其中五孔桥梁落入江中,顿时瘫痪在抗日战争的烽火中……,"自己建桥自己炸毁",这是何等悲怆与无奈!大桥被炸毁的这一天晚上,茅以升含泪在纸上写下了八个大字:"抗战必胜,此桥必复"。1946年抗战胜利之后,茅以升践行诺言,主持修复了大桥。钱塘江大桥的建成,粉碎了"非洋人不能建造铁桥"的神话,茅以升成为建桥史上的詹天佑。2019年中华人共和国成立70周年前夕，国家表彰300名"新中国最美奋斗者"，茅以升赫然在列，历史没有忘记为民族作出贡献的人。

走过钱塘江大桥，进入了杭州市区，有热心人指点，坐4路车可

◆ 瘫痪在日寇烽火中的钱江大桥

以到西湖，我们这些乡下的学生没有乘坐过公交车，把4路车听成"水路车"，却不知道水路车是什么，忐忑不安地上了车，摸出几分钱刚要买票，"毛主席请客，红卫兵不用买票"，售票员热情的话一直记在我心里。汽车经过虎跑、动物园、花港观鱼等新鲜的地名，我们漫无目的地下了车，住进了西湖南岸的一个"红卫兵接待站"，房屋雄伟庄严，柱子两个人合抱还拉不住手，住宿条件当然是地面当床，我躺在"床"上向上望去，那屋顶硕大的桁条、整齐的椽木、光滑的面砖，仿佛在哪里看到过？噢，很像小时候多次去过的家乡的"姚娘庙"，经打听才知我们是住在"净慈寺"的大雄宝殿，传说是由济公和尚"发功"运木建成的，是"西湖十景"之一的"南屏晚钟"景点，由于造反派"破四旧"，寺名匾额已不见踪影，也就"身在宝山不识宝"了，阴差阳错，在净慈寺睡了3个晚上，很是难忘。

## 三 海关大楼钟声

走到上海的第一个晚上住在上海交通大学，从此知道了"徐家汇"这个地名，后来读了《秋雨散文》才知徐家汇是明代大科学家、《几何原本》译者、《农政全书》作者徐光启的居住地，是徐家后裔的繁衍

汇聚之地。

第二个晚上，我们转移到了位于黄浦区东部的江西中路的"上海市青少年宫"。乡下的孩子第一次到上海，举目四望，大楼林立，不知身处何地，仿佛有"井中之蛙"之感。我们住在6楼，第一次见到抽水马桶，手一按水哗啦啦向上涌，吓得大家都惊慌失措，而且正点时刻传来浑厚的《东方红》乐曲声，又似曾相识！第二天早上向窗外望去，一幢尖顶的钟楼跃入眼帘，那不是在报纸上见过的"海关钟楼"吗，此时意识到我们就住在上海外滩附近，煞是惊喜，差点喊出声来。因为几个月前我从《文汇报》上看到报道说，解放17年海关大钟的报时音乐，仍是英国教堂的钟声，我们的国土上每日每时还回荡着英国殖民主义者的音乐，上海的革命群众一举把音乐换成了"东方红"，报道还配发了照片，于是"认识"了海关大楼。

◆ 上海海关大楼

从此以后我开始关注上海海关大楼的历史和钟声的变迁：海关大楼由英国建筑师设计，1927年落成，曾是上海外滩建筑群中最气派的大楼，大楼建成时英国人掌管中国海关，自然采用英国"威斯敏斯特"教堂的钟声；"文化大革命"初期换成了东方红乐曲，意味着中国人站起来了；改革开放后的1986年，英国女皇伊丽莎白二世访问上海，英国的钟声再次回响，表示中国打开大门欢迎世界各国；1997年7月1日香港回归祖国怀抱，同一时刻大钟烙有殖民主义印记的乐曲停奏；2003年5月

1日起，浑厚的东方红乐曲再次响彻在黄浦江上空，这是中国向世界宣告：中华民族从此屹立在世界民族之林！从而不由得使人感慨：海关是国家主权的象征，钟声也是我国实力和地位的标志！

近几年读名人传记，才了解威斯敏斯特大教堂是英国最著名的教堂，安放着牛顿、达尔文、丘吉尔、霍金等大咖名人的骨灰。

## 四 结缘科技书店

从我们住的青少年宫向南走大约二百米，到河南中路与福州路的交叉口，有一家上海科技书店。上海福州路旧称四马路，素有"书店一条街"之称，往西还有上海外文书店、古旧书店，使人喜出望外。在上海的十余天中，去得最多的是科技书店，虽然我们囊中羞涩，从中买的书不多，却从此知道了书店有"邮购"服务，此后十几年中这里成了我买书的乐园，数十次邮购却没有出过一次差错。上大学后到杭州"官巷口书店"方便了，不再邮购，但上海科技书店却一直使我念兹在心。

2011年，在初到这家书店的45年以后，利用去上海出差的机会，我特地去寻访了这家有特殊感情的书店，位置依旧、大楼依然，但找不到曾经熟悉的一排排书架和文山书海，我禁不住问了一楼的工作人员，说是四楼上还有图书，可当我找到楼上，只有音乐书籍和声乐产品，门可罗雀，宁静得令人惋惜，这是在电子读物迅猛发展冲击下，传统书店面临挑战的一个缩影，这里是我曾经的精神家园，心中不免怆然悲凉！

# 第四章　回乡十年

◆ 初中毕业照（1966）

1966年6月，初中毕业考试刚考完，正逢"文化大革命"开始，那年6月11日，学校的广播喇叭播放了中央的通知：取消升学考试，大学招生推迟半年进行。做学生的还有比"取消考试"更高兴的事吗，幼稚的我们欢呼雀跃！谁知随后的十年，影响了国家和每个人的命运。

## 一　两本科普书

学校"停课闹革命"，批判课本中的"毒草"，先从学校图书馆拿出旧报纸写大字报，接着图书馆被砸烂，等我看到时图书馆的小说已被洗劫一空，目睹一片狼藉，幸运的是从地上捡到了两本科普图书：《奔向明天的科学》《在科学的世界里》，这成了我爱上科技的启蒙读物，激发了对科技的兴趣。我先后买过4辆玩具汽车，其中把最后一辆由"惯性"改成电动汽车；还用木头雕刻了多艘小船，装上微型电机，自制螺旋桨和船舵制成电动船；而且每当我听到有飞机的隆隆声，总要仰头寻找,一直目送到消失在天际。这两本书我看过无数遍,破损的封面也早已被我"加固"数次,至今还陈列在我书柜的醒目之处。

2004年我的家庭被评上"宁波市十佳藏书家庭",要求我挑选对我影响最大的10本书,我把《奔向明天的科学》列为第一。书中:"明天的桥"("独脚桥"),已在2013年所建成杭州湾嘉绍大桥中实现,为了减少对"钱江潮"的影响,采用了"独脚"设计;"到宇宙间去旅行"就是现在的神舟飞船、空间站;"人工降雨器",正是我推广的喷滴灌技术,我为此感到特别亲切;核电站、光伏电池等正是目前我们推广的尖端技术,却早在半个多世纪前的科普书中就有了"初步设计",我由衷地叹服、感激这本书的作者和以茅以升为代表的科学大家,并切身体会到科学知识对青少年成长的重要性,这也是我退休以后热心于科学普及的缘由。

◆ 第一本科普书

◆ "独脚"的嘉绍大桥(建成于2013年)

## 二 那年我十八岁

1968年8月12日,这是我难忘的一天,那时"文化大革命"已进行两年多,三个年级的学生已分别在校3~5年,在"读书不能、升学

## 用奋斗托举梦想

无望"的形势下,学校被迫让三届学生同时毕业,这是特殊年代、空前绝后的毕业行动。我离开了读书和等待升学整整五年的学校,回家务农,人生向何处去?此时有过迷茫、有过彷徨,但想到岁月不能蹉跎,不久就走出了"雾区"。

当时家家都贴毛主席语录,我回到家中贴的是"人是要有一点精神的",尽管这条语录在那时人手一册的《毛主席语录》中找不到,但在几十年中一直激励着我,几年前才查到,这句话出自1945年毛主席的《论人民民主专政》。

也是在那一年,我读到了没有封面的《钢铁是怎样炼成的》,且读得很用心,书中没有小标题,我概括了每一章节的"中心思想",加注了标题,特别记住了主人翁保尔·柯察金的名言:"人的一生应当这样度过,当回忆往事的时候,他不会因为虚度年华而悔恨,也不会因为碌碌无为而羞愧。"

还是那一年,我读到了马克思的名言:"在科学的道路上没有平坦的大道,只有不畏艰险沿着陡峭山路向上攀登的人,才有希望达到光辉的顶点"。

2018年6月到国家博物馆参观"纪念马克思诞辰200周年展览",这句话被置于醒目位置,感到特别亲切。

◆ 摄于国家博物馆(2018)

回望半个多世纪,以上三句话成了伴随我成长的座右铭,追根溯源,那难忘的十八岁那一年,是我人生成熟的起点。

那一年,社会上还在批判"学好数理化,走遍天下都不怕"的"反动言论","知识越多越反动"的奇谈怪论正甚嚣尘上,但我暗暗地想:知识总会是有用的,要使自己将来不后悔,就不能浪费时间,就要像保尔·柯察金那样刻苦学习。学什么呢，当时从一本杂志看到一句话："中学的知识是最基础的，也是人生最有用的知识。"于是我准备自学高中知识。

## 三 自学高中数理化

自学，首先要有课本，当时的农村高中生十分稀少，转亲托友从一位下乡知识青年那里借到一本高中一年级的《代数》，却已丢了封面，很是扫兴。正好这时刚从浙江大学毕业的邻居叔叔来我家，当知道我为借不到高中课本而苦恼时，马上说："我的书你去拿吧！"当晚我就去叔叔家，背来了他的全部课本，叔叔还帮助我制订了自学计划。就这样便开始了我漫长的自学道路。每天清晨，只要村里的有线广播一响，我就一骨碌从床上爬起来，用冷水擦完身，便开始学习数学、物理、化学……但开始时我的初中知识已经忘得差不多了，水的分子式究竟是

◆ 20岁与叔叔合影（1970）

$H_2O$ 还是 $HO_2$ 也记不清了。书中看不懂的东西很多，而附近又无人可问，于是我就写信给已分配到山东省淄博市工作的叔叔进行请教，他在千里以外为我进行"函授答疑"："对数的恒等式 $a^{logaN}=N$，读作'爱的老硌以爱为底嗯的次方等于嗯'"，同时来信鼓励：

"小庆你一面参加劳动，一面自学这个方法很好，你有这样刻苦的学习精神，我想今后一定是很有前途的！"

## 用奋斗托举梦想

1970年，叔叔结婚了，新娘是他高中的同学，我有难题就到他家里去请教，"函授"变成了"面授"。记忆最深的是1970年4月24日，我国第一颗人造地球卫星上天的喜讯，就是从他家的收音机中听到的，因为那个晚上我正在他家上高中代数课。2016年我国把每年的4月24日定为"中国航天日"，这对我也有特别的意义，我把这一天记为"自学纪念日"，自学为我的人生奠定了基础。

叔叔20世纪80年代从山东淄博调回原籍慈溪，后来调任宁波市计划委员会副主任和市政协秘书长，我们一直保持着联系，感谢他给我的帮助和鼓励。

### 四 务农一千零一天

《一千零一夜》是著名的阿拉伯民间故事集。回乡后的前三年，我务农的时间恰好是一千零一天，很难忘。第一次插秧、挑肥、喷农药……无数个"第一次"，丰富了我的人生经历。记得最苦是两种劳动：第一种是棉花播种掏地，一下地就你追我赶，中间不休息；第二种是肩挑肥料到七八里外的海涂地，一上肩就自觉比赛，中途也不停歇。刚出校门的我显然体力不支，每次都累到呼吸困难、几近崩溃，几乎到了生命的极限。什么是刻骨铭心？这就是！

三年多当农民的磨炼，对我有两大好处：一是培养了吃苦精神，从那以后无论其他工作多么辛苦都不觉苦，因为没有一项工作比农业劳动更艰苦；二是对农民有了感情，对他们的艰辛感同身受，为我后来的工作能直接为"面朝黄土背朝天"的农民减轻劳动强度、增加收入奠定了基础，从而也更加钟爱平凡的岗位。

从1968年到1978年回乡十年多，其中务农三年，中学代课、信用社和社队企业工作三年，民办教师四年半，这经历对我来说弥足珍贵，是典型的"素质教育",使我树立了积极向上的世界观、人生观、价值观,奠定了我人生的基石,练就了我坚强的意志、克服困难的勇气,这些精神财富是我日后脚踏实地、任劳任怨工作的"底色",让我受益终生。

## 五 "一面红旗"

土改以后,我父亲没有继续"革命",而是"走资本主义道路",以缝纫为业,当时国家规定,手工业每天工资1.64元,是农民收入的2~3倍,就被认为是资本主义家庭,虽算不上是黑色,但也是灰色的。由于我不学裁缝而坚持参加农业劳动,被公社领导称赞为"灰色家庭的一面红旗",1970年我20岁时加入共青团。这年正好县教育局分给公社中学一套物理实验仪器,其中有一组蓄电池,可是没有充电器,物理老师犯了难。我用自学的知识从上海买来4只半导体三极管,改作整流二极管用,制作了一只简易的充电器,解决了学校的难题,从此有了点小名气,为以

◆ 任教师期间(后排左五·1975)

后到中学代课创造了机会,当有老师请病假、产假,都让我去代课,语文、数学、物理、化学,缺哪一门课就代哪一门课,成了"全科教师"。

此后,相继做过信用社会计、社办企业采购员、车间磨床工等,经历了多个工种的磨炼,但我觉得还是当老师好、进步最快。1974年

## 用奋斗托举梦想

8月我如愿成为民办教师，先教初中物理、化学，甚至英语，二年后学生升入高中，我也成为高中老师，直至1978年被高考录取。"初中生教高中生"，实在是误人子弟，至今我还感到对不起那些学生。当老师是很好的学习，巩固了我自学的数理化知识，还提高了口头和书面表达能力，饮水思源，感谢对我帮助最大的顾志明老师，诸如"谋篇布局""遣字造句""观点统帅材料、材料支撑观点"等语文知识，就得益于他的指导，成为我至今五十年中撰写技术总结、论文和著作的基本功。2017年一位40年前的学生邀请当年的老师和同学相聚，席间学生回忆说我上课很幽默，给他们的印象很深，并举例说我让大家做脑筋急转弯："一个人有两个心脏，却生活得很幸福，这是怎么回事？答案是——孕妇"，我想这大概就属于"水平不够、笑话来凑"吧。

## 六 冒险学英语

新中国成立初期，我国"一边倒"学习苏联老大哥，当时学生大部分学俄语，我们初中当然也是。尽管年少无知，但隐隐约约地觉得"学英语好"，知道苏联老大哥"背信弃义"后，我曾向学校提出，苏联变修正主义了，我们要学英语，可老师说英国是资本主义国家，更坏。"文化大革命"期间，尽管社会上存在"我是中国人，何必学外文"的荒唐言论，但我还是想学英语，特别是学着表演了马季和唐杰中合说的相声《友谊颂》以后，因为其中有几句英语：

"We are now beginning to say crosstalk"
（现在我们开始说相声），

"Crosstalk is a folk art in China"
（相声是中国的民间艺术）……

使我为能在表演中会说几句英语而感到自豪，于是我冒着"想里通外国"的风险，托人从香港带来了《英语 900 句》，悄悄自学英语，当然不是从音标开始学，而是用汉字注音，如 Good morning! 注"戈特·帽呢"，Good evening! 注"戈特·衣服呢"。

1972 年 2 月尼克松访华后，上海电台在全国率先开办了"广播英语"，我便跟着电台学，才开始学音标，纠正那些"以讹传讹"的发音。在我的自学时间中，学英语的时间最多，而且在买的书中买英语书花的钱也最多。此外，我还学过日语、法语，但能用的只有英语。1987 年参加工程师职称英语考试我考了 95 分，我的信念是如果不掌握一门外语，似乎不能算作一个合格的大学生，不能成为有国际视野的工程师。

## 七　我的夫人

我的夫人陈调芝是邻村人。我俩本来不认识，我的舅舅与她的舅舅是同一个生产队的且是好朋友，两位娘舅一个说我有个很好的外甥，另一个说他有一个蛮好的外甥女，于是做起了红娘。因为我家人口多，有姐弟 5 个，我母亲对定媳妇的要求：第一条是"对方的家里人口也要多"，大家庭的女儿能吃得起苦；还有一条是相信老话"娘坏坏一窝"，她说"娘的品质一定要好"。我舅舅说，对方家有 5 个女儿，家风蛮好！他的原话我没记住，大意是这家的"产品"是可靠的，他

◆ 夫人送我赴德国参加国际会议（杭州·2001）

## 用奋斗托举梦想

还特别介绍这个姑娘会烧一手好菜,这一条更称我母亲的心,因为今后可以给她"替手脚"。经过见面了解,觉得确实属于"包装讲究、质量上乘"的"优质产品",这件大事就这样定了,时值1971年。订亲后我还在为"改变命运"而奋斗,过了当时大龄青年25周岁的界限,一直到了认为"已经没希望了"的27岁才结婚,这在农村是属于很迟的了,我开玩笑说是"订货较早、提货很迟"。

当时农村对找对象喜新厌旧的人很鄙视,自从定了这门亲事以后我就认定,决不让那种悲剧在这个姑娘身上发生。在从"订货到提货"的五年多时间里,虽然没有过花前月下、卿卿我我,甚至连结婚照都没有拍过,但也从未有过磕磕碰碰,只有在我面临推荐上大学、招工、参军等失去机会的打击时,她每一次都是从支持我到安慰我,可谓是患难与共!

1976年我母亲病重期间,从在慈溪医院住院开始,我母亲就喜欢这位准媳妇陪同,直至医院"不治"回到家中,还是由她陪伴在病床前,递药喂水、洗涤衣物,直到母亲在剧痛中离世,都是由这位她自己选定的未过门的媳妇陪伴走完了人生路,替我尽了一份孝,也给了母亲一丝安慰!

有人说:人生要读两本书,一本是有字的书,另一本是无字的书。由于家里姊妹多,她有字的书读得不多,但无字的"书"读得很好,很懂得做人的礼数,我家中的"内政外交"、近邻远亲、故友新朋,都处理得井井有条,从来不让我费心。结婚后她给我一句话:"你只要把外面的工作做好,家里的事都由我来管。"很有些像400年前莎士比亚夫人安妮说的"家里有我呢,你去伦敦吧"!一诺四十载,她包揽了所有家务,就连装修新房这样的大事也都由她任"项目总经理",还练就了一手"驾驶"自行车,另一手扶着肩上长长的装修材料在马路上穿行的"本领"。我是家中的"全脱产",由于全身心地工作,才有了几十年中的成绩和荣誉。

2019年夏季的一天，她偶然说"在我一生中好像没有可以浪费的时间"，我听了心里一怔，这确实是她的"自画像"，也是我经常所看到的，往往是刚想坐下而又去抹一把桌面上的灰尘，还在盛夏却去补一件毛衣……永远在不停地干活，正如她说的："你是外面的劳动模范，我是家里的劳动模范。"

《傲慢与偏见》的作者简·奥斯汀说过这样

◆ 我夫人在国家植物园留念（2018）

意思的话："一个成功男人的背后，必定有一个全力支持他的女人。"确实，正如《十五的月亮》中所唱的："丰收果里，有你的甘甜，也有我的甘甜；军功章上，有我的一半，也有你的一半。"

2020年，我的家庭被全国妇联表彰为"全国最美家庭"。

## 八 高考录取

1977年7月邓小平复出，当年9月就果断恢复已中断12年的高考。那年我27岁，是高中毕业班的班主任，并教化学。尽管当时文件规定，个别考生年龄超过25周岁也可报名，但我想我既不是战斗英雄、也不是劳动模范，难属"个别"之列，所以没去报名。

但恢复高考第一年，确有多位年龄比我大的"老三届"被录取！

"人生能有几次搏，此时不搏更待何时！"我国第一个乒乓球世界冠军荣国团的话激励了我，于是我决定报名参加1978年的高考，此时

## 用奋斗托举梦想

离考试时间仅剩3个月。当时女儿刚出生，我放弃了一切家务，由夫人送饭到学校，全身心投入到毕业班的辅导和自己的迎考准备。晚上蚊子咬，就穿上高靴套鞋；女儿哭了，就设法堵住自己的耳朵。有一天晚上我刚睡下，在社办厂上夜班回来的爱人问我"几点"，我迷迷糊糊地说"1点×2点×3点……"，把高中代数中的"阶乘"公式背了出来，爱人被弄得哭笑不得，说你真是到了"如痴如醉"的程度！

1978年7月20—22日，有610多万名考生参加高考，我是其中的一员，到考试以后的第5天，还不知道化学错在什么地方。这年首次实施全国统一命题、分省录取，试卷分省、市两次评分，我在宁波市评分是323分，但到省里复评时竟加了24分，总分达到347分。一位与我同年参加高考、被浙江农业大学录取，现浙江大学教授告诉我，他当年的考分是333分。我为当年的347分自豪！这年全国的录取率是6.8%，我所在考点的400多个考生中，仅录取了2人，我是其中之一。我的自学水平被高考这把最公正的"铁尺"量了出来，至今人们仍普遍认为，没有一项选拔制度能比考试更加公平。

"初中毕业考上大学！"，尽管人们从新闻中听说过，但当这样的事实出现在身边时，在杭州湾畔，在当时的"穷乡僻壤"，引起了不小的轰动，正如绍兴堂兄来信："你是个有修养、有志气的人，你考出了成绩，扬眉吐气；考出了水平，多少人赞扬、多少人喝彩，从慈溪、上虞、绍兴……"。人们从"佩服其精神、怀疑其水平"到刮目相看，所以我对考试有着特殊情结。对于参加1978年夏季高考的我们来讲，那年没有炎炎夏日，只有充满兴奋和期盼的徐徐春风，我给邮递员说好："如有我的高考录取通知书你就先打开，用电话读给我听！"竟如此迫不及待！

几十年后才知道，邓小平的恩情不仅是恢复了高考，还在于允许1966、1967、1968年初、高中毕业的"老三届"也可报名，而且规定录取新生中向"老三届"进行了"倾斜",而且邓小平深情地说"如果不给这些人以机会是历史的不公!"这句话,让当年下乡的、回乡的、留城的两千多万名往届生都感到暖心,尽管他们中的大多数人没有被录取,但是历史总算给了大家一个公平的机会,所以这一代人对邓小平有着特殊的感情。2008年,《余姚日报》组织改革开放30年的纪念征文,我写了一篇"高考的回忆",半年后从百度中偶然发现这篇文章被"宁波日报报业集团"评为二等奖,这意外的获奖让我高兴,尽管没去领奖金和奖品。

◆《高考的回忆》(2007)

1994年中央电视台播出《历史转折中的邓小平》,我连看两遍还不过瘾,又买了文学读本来读,本省丽水市一位灌溉企业老总特地从网上买了一套光盘送给我,我看了多遍,还记得剧中主题曲的歌词:

"为什么我总是想起你,走过冬天的人,

渴望着温暖;是你打开家门,

向着未来跨越,自由的空气,是那样新鲜!"

恢复高考,不仅改变了两千多万人的命运,更是改变了整个国家的命运,邓小平居功至伟,其功不在"联产承包"之下。

# 第五章 大学生活

## 一 与"水利"有缘

填写高考志愿时,父亲对我说"永庆啊,种田种地万万年,还是学农吧",这是对多年政治运动留下的恐惧心理,于是我选报了一个与农业有关的"浙江水利水电学校"大专班,水利工程机械专业。学校的前身是中央人民政府燃料工业部杭州水力发电学校,建于 1953 年。有意思的是这所学校我早在 1966 年就填报过,那年我初中毕业、"文化大革命"刚开始,热心的老师让我们填报过一次升学志愿,我与邻居叔叔商量,他在浙大学的是"河川枢纽及水电站建筑"专业,他建议我读水利中专,说这样以后可以给他当助手,于是我填报了

◆ 母校前身杭州水力发电学校（1953）

"浙江水利水电学校",可是后来批判"修正主义教育路线"遥无终期,升学的梦想就破灭了。

想不到相隔 12 年,填报的竟是同一所学校,可谓与"水利"有缘!不同的是这次是大学专修班,入学后才知道这是学校承担省政府"扩大招生"任务,克服重重困难首次招收的大专班,为浙江培养急需的水利人才。

## 二 "把十年损失补回来"

1979 年春天,我步入 29 岁,到了"三十功名尘与土"的年轮,我到了梦寐以求的杭城读书,也许是学校领导从档案中看到我当过高中的班主任,于是刚入学就指定我为临时班干部,后来成了班长。班上同学年龄最大的"老高中"33 岁,其中有七位已经结婚,被称为"老大哥""老大姐",我刚跨入 29 岁,被称为"老班长",最小的应届高中生才 16 岁,则被称为"小娃娃",可谓是"祖孙代"。记得第一节英语课,当老师走进课堂时我喊"Stand up"(起立),年龄小的同学马上起立,但几个年龄大的同学却东张西望、姗姗迟起,立正动作也显得零零落落,于是我才想起那些"老高中"都是学俄语的,没学过英语。课后一位"大同学"与我开玩笑说:"你这个家伙,不打一声招呼,我还以为出什么事了,后来看大家立正了,我才跟着站起来。"

◆ 大学期间(1979)

## 用奋斗托举梦想

有句话"经历黑暗的人更珍惜光明",十年盼读书、一朝梦成真,"久旱的禾苗逢甘露",大家格外珍惜这宝贵的读书机会,舍不得时间去看电影、看演出,心中只有一个念头,那就是"要把十年损失补回来!"多年后,当年的老师很怀念我们这第一届学生的学习劲头和精神状态,学生也很怀念那些老师,他们大都是从工地选拔上来的,有丰富的实践背景,有理论和工程相结合的宝贵经历,讲课如"地对地导弹"——弹弹着地,尤像老演员唱戏、"一板一眼"。

班主任曹卓然老师教我们英语,还教我们做人:"你们现在是知识分子了,没有道理的事就不能做,例如抽烟,既害己、又害人,'大同学'已经抽了的要尽量少抽或戒掉,'小同学'就不要再学。"我也终究没有沾上这不好的习惯。"工作要一丝不苟,例如擦玻璃就要擦得看起来像玻璃没有一样清爽……"这话牢牢印在了我的脑子,并养成了一丝不苟的工作习惯。我毕业后每年都去看望曹老师,他总是先问:"你们那里情况怎么样?"当我介绍家乡发展的情况以后,他总叮咛一句:"现在是历朝历代以来最好的时期,你们要珍惜呵!"爱国之情发乎内心。曹老师于2020年初96岁高龄去世,一年后我读到了他的自传,才知他当我们班主任时还戴着"帽子",直到我们毕业一年以后才摘去,而对这蒙受了几十年的委屈,却从不对学生提起,自己忍辱负重,却对我们谆谆教诲,到了"世界以痛吻我,要我报之以歌"的境界。这是一个典型的、真正的知识分子!

### 三　理解"误差"

我学的是"水利工程机械"专业,机械产品以精密著称,误差以"丝"为单位,即10微米,现代机械对误差精度的要求更高。当我知道机械专业有一门课叫《测量公差与误差分析》,就托在浙江大学工作的老乡买了这本教材，自学以后才知道，原来"零"误差是不可能的，人类孜孜以求的并不是消灭误差，而是把误差控制在允许的范围之内，以误差最小论英雄。有了对"误差"的认识后，我理解了一位著名电影演员说"电影是遗憾艺术！"的含义，原来艺术家在表演中也难免常有"误差"。从机械的加工误差，到艺术的表演误差，推而广之到人类所从事的每一项工作，绝对完美是不可能的，只能尽其所能做得更好，于是理解了"没有最好，只有更好"是科学的。

例如：宇宙飞船返回是"高精尖"技术，可是前苏联载人宇宙飞船就曾因落点精度误差大于400公里，导致宇航员困在处于冰天雪地的森林中差点被冻死，目前我国的神州飞船返回舱的落点误差已控制在数公里之内；最好的神枪手不可能每枪都是10环，而夺冠者都是总环数最高的人；最好的蓝球运动员也不是每球必中，即使是姚明在巅峰时期的命中率仅是55.8%。

实际上，人们对客观世界也存在"认知误差"，只能在"实践—理论—实践"的循环中逐步接近本质、迫近真理。北京大学历史系教授赵冬梅更是道出了真谛："历史学的工作是努力去接近过去发生的事实。完全的真实获取永远也无法抵达，但我们会努力从各个角度去接近她。"

这是科学的"认识论"，对人也是一样，不论是伟人大师，还是平民百姓，他们是人不是"神"，不可能一贯正确、绝对正确，所以对伟人、对权威所犯有的错误也应予以客观对待。

### ④ "工程师的魅力"

学工科的学生实习多，我们"见习实习"两次去新安江水电站，当我们看到周恩来总理的题词"为我国第一座自己设计和自制设备的大型水力发电站的胜利建设而欢呼！"时，无比自豪。此电站是1960年建成的，总装机 66 万千瓦、年发电 18.6 亿度。从此我就把新安江水电站作为一个"规模单位"来记忆，例如：秦山核电站第一期是 30 万千瓦，我就记作"半个新安江电站大"；三峡工程发电总装机 2 250 万千瓦，年发电量 1 000 亿度，我就记成：装机是近 40 个新安江电站，发电量是 60 多个新安江。此外，我还知道了新安江水库的容量是一千多个西湖，而郭沫若题诗"西子三千个"，那是诗人的浪漫。

"施工实习"是到奉化亭下水库工地，指导老师是位工程师，让我们肃然起敬，印象最深的是有一天他给载重汽车的驾驶员讲课，他蹲着用粉笔在地上画内燃机燃烧原理的曲线图，旁边围着十来个司机，前面的双膝跪地、后面的伸长脖子在听讲，比小学生在老师面前还全神贯注。我被这场景所震撼，平时自恃高人一等、对人飞扬跋扈的汽车司机此时都能在工程师面前如此虔诚、这般谦恭，由此就能看出工程师的魅力和技术的力量！

◆ 大学毕业照片（1981）

## 五 "最高艺术奖"

学校重建于 1975 年，条件还十分简陋，大礼堂兼食堂是用毛竹搭建的大棚，有一年在这里举行文艺汇演，我自编自演了单口相声《新三毛游浪记》，由于取素材于校园、贴近生活，得到同学们的喝彩，自然也打动了评委老师的心，演出结束我的节目分别获得演出一等奖和创作二等奖，奖品是两本练习薄，这是我平生获得的"最高艺术成就奖"。毕业以后多年,遇见当年的校友,他们纵然叫不出我的名字,却能认出我是"三毛"。能得到这个"大奖"得益于两个因素:一是回乡期间曾经多次到县文化局参加文艺创作学习班,算是有些创作基础;二是当教师期间,表演过相声《友谊颂》,有了些许表演基础。这个相声中有多句非洲话,留给家乡人的印象很深刻,2015年我与40年前的部分师生聚会时,已担任宁波市公安局副局长的冯林老师,对我在相声中的非洲话还能脱口而出:"拉菲克、瓦奇那(中国朋友)""库基凤杂夸马拉菲克(向坦赞朋友学习)""卡利布尼"(欢迎)、"阿桑台—撒那"(谢谢你)、"夸海利尼"(再见)。他告诉我有一年去非洲,这几句话还派上了大用场,与非洲朋友拉近了距离,他绘声绘色地介绍,兴奋之情溢于言表。

◆ 主持入校40周年同学会(2019)

## 六 播下创新的种子

大学老师中给我印象最深的是许云飞老师,毕业于上海交通大学导弹理论专业,教我们理论力学,很有"发散性思维",讲课"天马行空"，信息量大，很吸引我们，且特别重视创新理念的灌输。有一堂课的作业是写一篇关于创新的论文，要求我们发散思维，大胆创新地去想，我写了一篇《论力在材料中传递的直线性》，并得了满分，还在课堂上被点评表扬，这次作业激发了我的创新意识，成为之后我工作中获得多项创新成果的种子。

1982年初毕业分配，我班留杭州的有15人，这让其他大学的毕业生眼馋，而我们结了婚的都回了原籍。我的家乡1954年由余姚县划归慈溪县，1979年又划回余姚县，而把余秋雨老家由余姚县划到慈溪县，正如他在《乡关何处》中所写的"我不想过多地责怪改动行政区划的官员，他们自己也有一定的道理。但是他们可能不知道，这种改动对四方游子带来的迷惘是难以估计的。"我入学时家乡在慈溪，毕业时经再三说明才被分配到了余姚。

也许人在各方面是相通的：我游泳的速度不快，但耐力行、能一口气游出数公里；百米短跑需要十好几秒，但长跑几个小时没问题；在学习上正如俞敏洪坦言："我并不是一个很聪明的人，几乎没有得过第一名。不是我不努力，而是我努力了也得不了第一名。"大学毕业时我默默准备：今后工作中也要当"长跑运动员"，与年轻的同学们比一比。几十年来，《年轻的朋友来相会》经常萦绕在脑海：

……但愿到那时我们再相会，

举杯赞英雄，光荣属于谁，

为祖国、为四化，流过多少汗？

啊，亲爱的朋友们，

让我们自豪地举起杯，

挺胸膛，笑扬眉，

光荣属于八十年代的新一辈！

## 第六章　好书和贵人

宋代大文学家苏东坡说:"读过的书,走过的路,遇见的人就是你的人生格局。"还有人说:"和勤奋的人在一起,你不会懒惰;与积极的人在一起,你不会消沉;和智者同行,你会不同凡响;与高人为伍,你能登上巅峰。"

我觉得这些话很有哲理。我的藏书中大部分属于社会科学,其中有传记、励志等方面的100多本,创新方面的有40多本,《发明与创新》杂志300多册,并且我都读了,经潜移默化,

◆ 家中的一壁书柜(2005)

使我形成了积极向上的人生态度和用创新思维解决问题的工作习惯。这里就来介绍对我影响较大的3本书。此外,词典对"贵人"的解释是:"在生活、学习、工作中对你有很大帮助的人。"在以往的岁月中,

我的贵人难以计数，除了堂哥和邻居叔叔姚松林以外，这里面还包括茆智老师和两位领导。

## 一 《科学发现纵横谈》

1980年5月我买到一本《科学发现纵横谈》，书不厚，7.8万字，当时价格仅0.28元，封面很典雅，下部殷红色衬托洁白的书名，上部蔚蓝的天空中镶嵌着闪烁的星星，寓意探索科学的奥秘。该书1978年首次出版，是在科学和文化处于万木稀疏、百花凋谢的"文化大革命"后期，作者王梓坤是著名数学家，曾任北京师范大学校长，他纵览古今、学贯中西，从自然科学发展的历史长河中，挑选出有意义的发现和事实，用哲学的观点分析梳理，阐明科学发展的一些基本规律，以及作为一名自然科学工作者所应具备的品质，观点新颖、见解深邃、文字优美，给人以启迪，受到几代青年学生的热捧。作者在20世纪90年代充实了许多新内容，出了第二版和第三版，我三个版本都买了，其对我启发最大的观点和故事摘录于此。

◆ 受几代青年热捧的好书

**科学工作者四要素** 科学工作者必须德、识、才、学兼备，他形象地把工作比作斧子。

"德"——指政治立场和态度，即为谁服务的基本立场。科技无国界，但科学家有祖国，德如执斧人的立场。

"识"——即远见卓识，通常所说的"有眼力"。识是才的"指挥员"，决定把才用到何方，识是执斧子的手。

"才"——指研究或工作中解决实际问题的能力，是能拿出来的本事，才如斧子的刃。

"学"——即学问、知识，是"肚子里的货"，是积累的势能，是才的"后勤部"，学如斧子的背，是力量的所在。

我以为，这四要素不仅是科技人员需要具备的，而是从事任何工作的人也都需要具备。尤其德是统帅，如一个人政治上反动、品行低劣，则识、才、学越高，对社会的危害越大。

**世界观的作用**　书中记叙了科学史上有名的案例：牛顿是最伟大的科学家之一，却同时又是一个上帝的最虔诚的信徒，在他的后半生，竟用25年时间研究神学，企图证明上帝的存在，白白浪费了他那天才的生命。他对上帝的颂词，令人作呕，例如："至高无上的上帝是一个永恒、无限、绝对完善的主宰者，……他是无所不能和无所不知的"，美与丑，如此尖锐地集中在一个人身上，真是一幕悲剧！

之所以如此，其主要原因在于牛顿出身于宗教家庭，从小就深受信奉上帝的教育，研究自然科学时，自发的唯物主义思想倾向，帮助他取得了伟大的科学成就，然而当他成了资产阶级政治活动家时，上帝的魔影在他头脑中抬头，成了宗教的狂热分子，葬送了他的后半生。作者强调："世界观对人的影响如此之大，值得深以为戒。"

**知识与智慧的关系**　作者引用美国著名影星落丽泰对知识与智慧两者关系的论述：

"智慧就是懂得下一步做什么。"

"智慧在于对客观和客观世界的深刻理解，进一步发展到透彻的领悟，并在大多数情况下能够作出正确的判断和预测。"

"智慧高于知识。知识来源于后天的学习，智慧则既需要

学习，也依赖于先天禀赋。天赋加学习、思考和实践，造就智慧。"

"知识是一柄双刃剑，既可以造福社会，也可以危害社会（例如核能知识）。人们依靠智慧使知识发挥正面的作用，智慧是统帅，知识应由智慧来驾驭。"

**聪明者的特征**　作者对此的表述也入木三分：

"聪明的第一个特征：善于选择长远的奋斗目标，也就是崇高的、远大的理想。理想越崇高，潜力也发挥的越充分。"

"聪明的第二个特征：善于最大限度地利用客观和主观条件，选择最佳方法，在最短的时间内圆满地实现既定目标。"

"聪明的第三个特征：对实现目标的勤奋和毅力上，方向性与坚持性是毅力的基本特色。"

这是作者的毕生总结，字字是"金玉"，句句是"良言"。

## 二 《人生就是奋斗》

《人生就是奋斗》的作者潘益大，是《文汇报》的高级编辑。这本书于1981年首次出版，我于1982年读到。"人生就是奋斗"成了激励我前进的动力。我把书中"相见恨晚、如获至宝"的句子、段落用红笔划出来，现摘录其中几段：

"家庭对于有志气、有抱负青年来说，自古以来就只是养育和生活的场所，它既没有理由成为骄傲的资本，也不应该成为自弃的包袱。……古今中外的历史上，有几个伟人大师，是靠'好爸爸'成才的呢？"

"无数事实证明，在相同的历史环境和时代条件下，人们对于社会所作贡献的大小，总是与其艰苦奋斗的努力程度成正比的。"

第六章　好书和贵人

"知识是重要的，但知识只有在艰苦奋斗中才能发出耀眼的光辉；才干是不可缺少的，而它天生是艰苦奋斗的孪生姐妹，越肯吃苦，越耐磨练，才干就越惊人。"

几十年中，是这本书给了我动力，给了我鞭策。于是我积极向上、努力奋斗，不但努力完成上级布置的工作，还主动"找"工作来做，并且每一项工作都取得了实效，而且还亮点频呈。

几十年后，一位朋友读了这本旧书后，发来了读后感：

今天下午拿起《人生就是奋斗》，那一条条红杠都是你思索的印记，我可以想象出你那时的认真和渴求。看着看着，觉得这本书好像

◆ 一本催人奋斗的书

是为你而写的。你看这句："既然，人生的价值是以对社会作出的贡献大小为衡量标准的，那么，凡是通过艰苦奋斗成为出类拔萃的佼佼者，就理应得到社会的尊敬和赞扬，以致名垂史册，代代传颂。"30多年，你做到了！

## 三 《发明与革新的技巧》

1989年，我读到了《发明与革新的技巧》一书，作者关原成因搞小发明而成名，30多岁时任山西省政协委员，书中关于创新思维和方法的论述是我创新的主要源头，现摘录其中几句：

"知识就是力量。然而知识的力量在于转化和输出。"

# 用奋斗托举梦想

◆ 一本创新启蒙书

"知识分为传真性输出和创造性输出,发明是知识的最高级的创造性输出,发明创造是创造性运用知识的过程,代表一个人的真才实学和智慧。"

"知识的价值不在于多,而在用。"

科学家布雷斯福德·罗伯逊曾说:"在世界的进步中起作用的不是我们的才能,而是我们如何运用才能。"

"技术上的复杂性并不意味着创造性强,恰恰相反,要以简单取代复杂则需要付出艰难的创造性劳动。"

诺贝尔奖获得者艾伯特·詹奥吉曾说:"发明就是和别人看同样的东西,却想出不同的事情。"

## 四 茆智老师

茆智老师是武汉大学教授,我的研究生导师,是我国著名的农田水利专家,2003年当选为中国工程院院士。

**推荐国际论文** 1994年,茆智老师把我的第一篇论文推荐给了国际会议秘书处,于是才有幸被国外学术机构选为中国入选的第一篇论文,才使我第一次有幸走上国际会议讲坛。此后,茆智老师让我多次有机会参加国内外专业会议,结识了许多专家学者,扩大了"朋友圈",拓宽了视野,从此改变了我的人生轨迹。

## 第六章　好书和贵人

**鼓励读研究生**　在茆智老师的鼓励下，1996年我参加了武汉水利水电大学在职研究生学习，攻读方向是"节水灌溉理论和技术"。研究生的第一年需要脱产学习，在刚刚落成的"研究生宿舍楼"分配了3人1间，且房间有卫浴设备，老师看了感叹："噢，比我们的宿舍条件还好！"可惜我不能脱产，仅住了数十天。

当时的政策是可以"先上车、后买票"，即先学课程、得学分，然后参加入学考试，取得学籍资格，再授予学位。经过武汉—余姚两地间的4年奔波，到2000年我修满了学分。次年学校合并为武

◆ 国际会议上与茆老师合影（1999）

汉大学，研究生政策有了调整，尽管我与比女儿还小的年轻人同堂参加了入学考试，且分数还不低，但因"年龄超过45周岁"而不能被录取，也就难以取得学籍、获得学位，茆智老师为此到学校相关部门奔走，终未如愿。他身心疲惫、摇着头告诉我，有位领导问他："这个考生是你的什么人？"茆老师老实回答："是我的学生啊！"于是就没有了下文。

直至2005年，河海大学邵孝侯教授告诉我可以参加国家统考了，第二年我在杭州参加了"硕士学位研究生入学资格考试（GCT）"，考分超过武汉大学录取线一大截，终于有了取得学籍的资格，但至今还查不到研究生入学年龄是哪年放开的！

好在当年的学分都有效，年过七旬的茆智老师为我找到了多年前的学分档案，办理了注册手续，但按规定需在2年后才能拿学位。2008年7月我终于领到了武汉大学颁发的殷红色封面的"硕士研究生

学位证书",从 1996 年入学至此历时 12 年。在拿到学位证书的那一刻,茆智老师说了句让我感动一辈子、催人泪下的话:"你的学位不解决,是我的一个心病!"

**支持技术创新**　　1998 年我研究推广"水稻无水层灌溉",有不少人对这一颠覆传统观念的创新表示质疑:"水稻怎么能没有水层呢?"茆智老师精辟地提出:"*水稻需水并不是田面一定要有水层,田面无水层并不是土壤无水分*",用辩证的理论给了我有力的支持,并两次陪同国际水稻研究专家前来余姚实地考察。茆智老师不辞辛劳,三次为我的技术成果作鉴定专家,两次为我的著作写序,令我的同学和同行羡慕。

2000 年,茆老师作为全球唯一获奖人,获得国际灌排委员会授予的"国际农业节水技术革新杰出成就奖"。有了他作为榜样,我才知道世界上有这个奖,并为之默默努力,终于在 13 年后我也获得了这项灌溉行业的"诺贝尔奖"。

在人生道路上能遇见茆智老师,确是我的幸事!

## 五　副秘书长陈龙

陈龙,曾任省政府办公厅秘书、处长、副主任,省政府副秘书长,没有他对我工作的热情支持,就不会引起省政府领导的重视,也就没有浙江十年喷滴灌发展的风生水起。

1994 年 7 月,我推广的第一项技术"水稻薄露灌溉"现场会在余姚召开,时任省政府办公厅农业处处长的陈龙随省领导来余姚出席会议,他赞赏我的工作,从此相识,此后一直保持联系。

**2008 年 1 月**　　水利部陈雷部长来余姚考察由我主持的"农村饮水安全"工作,已任办公厅副主任的陈龙随省领导来到余姚,与他 14 年后再次见面,我悄悄对他说:"我还有另一项技术在推广,想把材料送给你,请你先看看,如果认为可以就转送茅临生副省长。"他说:"好,你寄给我吧!"我本来是想请他把材料"过滤"把关,不宜送的就不送,但在此后7年中,他把我的每一份材料都如数转送给三任副省长和一任省长,共有九次,这里仅举几例。

**2008年春节** 我没有心情走亲戚,想把心用在写汇报材料上,以在春节后上班第一天就把材料寄给陈龙。可是,材料寄出后,一个月过去了、第二个月又过去了,我在忐忑不安中盼望回音。当年5月12日,余姚市水利局局长以兴奋的口吻告诉我:"市政府办公室来电话,茅省长在你的材料上批示了,听说还很长。"果然,两天后省农业厅一位副厅长来余姚调查,这位领导与我的交谈从打趣开始:"你的材料写得很好啊,让茅省长感动了!"同时把茅省长批示件送给我:"看了此文,令人心情激动……"

**2012年底** 当时,由于全省喷滴灌面积突破百万亩,实现了第一个目标。我把《余姚日报》的相关报道和总结材料寄给陈龙,他即转送给新任副省长王建满,这位副省长即在材料上批示"功不可没、感谢奕高工!"

**2014年5月** 黄旭明,又一位新上任的副省长到余姚调研,他从平原的蔬菜喷灌,看到山区的樱桃、蓝莓滴灌,听大户介绍效益后赞叹:"没想到余姚的节水灌溉搞得这么好!"第二天我把本省喷滴灌的历史和现状材料寄省政府办公厅,陈龙在我的总结上写了推荐语:"余姚奕永庆同志善于应用创新、也善于总结,先送黄副省长

◆ 陈龙(前排左三)陪黄旭明考察喷灌(2014)

## 用奋斗托举梦想

阅。"这位新领导旋即批示："……奕永庆同志这些办法易学、实用，见效显著，请水利厅和农业厅研究推广的目标和方法。"几个月后，省政府发出推广喷滴灌技术的第二个文件。

**2014年12月**　我向时任省长的李强写信汇报，也请陈龙转呈。几天以后我收到省长李强的批示："请旭明同志阅研，农业节水工作意义重大，要大力推进。"

**2015年6月**　陈龙调任省水利厅任厅长，上任后第一次下基层调研就到余姚，他对余姚市领导说："奕永庆当全国劳动模范了，我要祝贺他，请他吃饭一起来。"中午当我走进市政府食堂餐厅时，余姚市委书记拉着我的手向陈龙介绍，陈龙厅长马上接过话茬："我们是20多年的老朋友了，我了解他。"接着他对我说："你是干出来的，全国劳动模范是实至名归，我向你表示祝贺！"

### 六　副省长茅临生

◆作者（右）向茅副省长（左）介绍余姚的滴灌（2008）

2008年初，我向时任浙江省政府副省长的茅临生送了喷滴灌总结材料，这篇举足轻重的材料我是学习《求实》杂志上一篇调查报告的风格写的："从杭甬高速公路东行，里程碑100公里处出口，就到了全国节水增产重点县余姚市，站在道口不远处就能看到连片的棚栽滴灌葡萄，这里往南，巍巍的群山之中是数万亩毛竹、红枫、板栗喷灌……"

## 第六章　好书和贵人

**2008 年批示、考察**　当年 5 月 6 日，茅临生副省长在我的材料上作了 172 个字的批示："看了此文，令人心情激动，创业富民、创新强省，发展现代农业，既要有敢想敢干的创新精神、运用先进技术的意识，又要有从实际出发、从农民实际出发推进工作的扎实作风。余姚市经济型喷滴灌技术应用的经验应予总结推广。……"从此揭开了全省推广喷滴灌技术的序幕，同年的 8 月、12 月他两次专程到余姚调研经济型喷滴灌，这让余姚的主要领导也很意外：茅省长怎么这样重视这项技术！

**2009 年召开现场会**　当年 4 月，茅临生副省长率 200 多人，在余姚主持省政府喷滴灌推广现场会，会上这位副省长说"……各县还应该到余姚来学习，余姚则要为全省推广搞好服务"。同年 9 月省政府发出推广文件。

**2010 年支持新书出版**　这年 8 月，我的新书稿完成，打算在浙江出版，写信向已调任省委常委、宣传部长的茅临生汇报。

他为此批示：

"奕永庆同志在丰富的实践基础上编写了《经济型喷滴灌 100 问》一书，是站在农民的角度想问题，能引导和辅导农民使用经济型喷滴灌的好教材，必将起到加快推广喷滴灌的作用。请省出版集团和科技出版社予以关注。请水利厅、农业厅对该书的出版和发行工作给予支持。"

同年 9 月，应出版社的请求，茅临生部长又为该书作序：

"近几年'余姚经验'已在全省逐步推广。奕永庆同志从农民需要出发，用通俗的文字诠释复杂的喷滴灌技术，用朴素的语言介绍丰硕的喷滴灌效益，深入浅出又不乏形象生动。希望有关部门对本项先进技术的推广应用给予支持，让更多农民、基层农技人员和农村干部了解并用好这本书，为农业生产的转型升级做出贡献。"

**2010 年 10 月**　听说我生病住院，茅临生部长委托水利厅领导前来

◆ 与茅临生会长留影（2024.5）

慰问。正由于这位省领导对喷滴灌技术的高度重视，才使浙江成为全国在南方的喷滴灌面积占比最高的省份，所以我十分感谢这个"伯乐"。

退休后茅临生担任浙江省老科技工作者协会会长，我是余姚市老科技工作者协会的会长，2019年我到省老科技工作者协会参加会议，相隔十年，这位茅会长又在会上介绍我的技术："2008年我到余姚去了六次。"

2023年，相隔12年，茅会长第三次为我的新作《节水灌溉设备选型》和本书作序："由于工作关系，我对奕永庆同志了解较多。……他是把论文写在大地上的卓越工程师。"

我的体会：在学习和工作中，能遇到好的老师、好的领导是人生一大幸事，只是由于各种原因，错失的机缘远远多于抓住的机缘！

# 第七章 工作创新

从参加水利工作开始，我陆续买了40多本有关创新的书籍，1988年发现杂志《发明与革新》（2002年改为《发明与创新》），我订阅了28年。从这些书籍和杂志中，我学到了许多创新思维和方法，其中的创造学原理、创新方法、创新故事、创新人物，融入我的思维，潜移默化养成了用创新的眼光看问题和解决问题的习惯，"创新"成为我工作中的基本工具。

从1994年获得第一个专利，到2018年我共获得20项专利授权，其中发明专利15项、实用新型专利5项，每一项都无偿应用于生产实际。我申请专利不是为了"把利专住"，而是为了证明创新，为了更快地转化为农民的利益、社会的效益。正如富兰克林所说："由于我们享受着别人发明带来的

◆ 这本杂志订了26年

巨大好处，我们也应当为有机会用自己的发明为别人服务而高兴，而且应当无偿地、慷慨地去做。"

我的创新思路主要是两条：

第一是"简单的先进"，创造学上有句名言"简单的往往是先进的"，一项创新是否伟大，不在于是否复杂，而在于对推动人类社会进步的贡献。典型的例子是铅笔最简单，但有句名言："铅笔和飞机同样伟大"；拉链很简单，却是"二十世纪最伟大的发明之一"；最现代化的机场，采用的"风向仪"还是源自张衡风动仪原理的"风袋"，因为简单、可靠、直观；最有力的论据是乔布斯的话："我的秘诀是聚焦和简单，简单比复杂更难。因为你一旦做到了简单，你就能移动整座大山。"

◆ 机场风向标——风袋

第二是"类比出灵感"，从同事物的类比中悟出解决问题的创意，是人类最基本的创新方法。从鸟类到飞机，从鱼类到潜艇都是类比的发明。我则用"节食"类比"节制灌水"的科学性，用"打点滴"类比灌溉施肥的简约性，用"病从口入"类比泵前过滤的必要性。

## 一 为"爱的曲线"放样

我工作的前10年，主要从事农业排涝泵站设计，从实践中发现，大泵站进水流道的形状很重要，如设计不合理会引起水泵剧烈振动，不但浪费能源，而且还影响泵站安全。因此，我向农村干部科普：以前农村土灶"灵不灵"，即是否节省柴草，是由"灶肚"形状决定的，同样泵站省不省电,是由"进水流道"的形状决定的。

科学试验证明,流道形状以"渐开线"为最好,这条曲线因形似心脏又称"心形曲线",是高等数学中的重要曲线,但按几何作图的方法,这条曲线在纸上画就很复杂,到工地现场放样更困难,我多次看到老同志还没来得及放好样,地下水就漫上来了。联想到自学的高中数学中,用二枚图钉、一根弦线、一支粉笔可在黑板上画出"双曲线"的方法,我想一定也能找到根据这条曲线的数学方程画出曲线的方法。经过数十次试验终于获得了成功,我找到了用数十枚钉子、一根弦线、一支木工笔就能在现场放样的方法,接着发明了"放样器",连几十枚钉子也省去了。这个方法很简单,施工人员虽然不理解原理,但都能学会操作。此后余姚市新建和改造的一百多座泵站都采用了这一方法。有一位民工问技术员,为什么这样画出来叫渐开线?技术员说,给你说了你也不懂,其实他自己也不懂。

2002年,在这个方法已经应用的10余年后,我想到申报专利,经过两次"申述"、历时三年审查,2005年11月终于获得授权,这是我的第一个发明专利,从此迷信破除,信心倍增,"一发而不可收拾",此后每年都有专利申报。

有个美丽的爱情故事,说的就是这条"心形曲线"。

### 全世界上最另类的情书

笛卡尔是近代数学的始祖,被誉为解析几何之父。他一生只爱过一个人,她就是瑞典公主克里斯汀,公主也被他的魅力折服。但他们地位悬殊,年龄也相差甚远,1650年笛卡尔52岁、克里斯汀18岁,国王闻此大怒,强迫他们分开。此后笛卡尔身患重病,在生命倒计时的日子里,他每天给公主写信,都被国王拦截,在写完第十三封信以后,他永远离开了这个世界。

迪卡尔的最后一封信没写一句话,只有一个方程:

$r = a(1-\sin\beta)$

国王看不懂，以为方程里隐藏两个人不可告人的秘密，便把全城的数学家召集到皇宫，但没有一个人能解开这个函数式。他不忍心看着心爱的女儿每天闷闷不乐，便把这封信给了她。

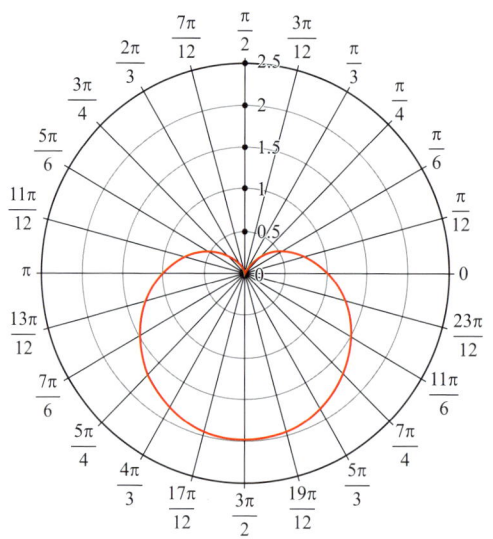

拿到信后的克里斯汀欣喜若狂，她立刻明白了恋人的心意，找来纸和笔，很快把方程的图形画了出来，一颗心形图案出现在眼前，克里斯汀不禁流下了感动的泪水，这条曲线就是"心形线"。

## 二 小创新解决大难题

2006年以前，我下乡时经常听到农民对机电设备被盗的诉说，这年春节后上班第一天我就收到某镇发来的传真，反映前一天晚上有座泵站的电机、电缆、水管被盗，损失2万多元，要求补助。我回复说，设备被盗资金难以补助，但我研制的一种防盗器，可以首先安装在你们泵站。

这年3月，余姚市水利局组织七个小组到各乡镇开展"防汛检查"，结果每个组都汇报："排灌设备被盗严重。"究竟严重到什么程度？我到每个乡镇调查，结果是21个乡镇中有18个发生盗窃案件，共发生案件1 200多起，破案的只有50多起，经济损失870万元，平均每镇48.3万元，其中两个镇还发生公开抢劫的恶性事件。出于对农民的感情，我决定用技术解决这个问题，组织力量研制泵站防盗器，与当时市场上的家用防盗器 CK 相比有两点创新：

**一是能无线报警** 因泵站都没有电话线，不能采用"CK"，就把手机的芯片植入防盗器，实现无线报警，除现场鸣响"警笛"以外，还可同时向 6 部手机报警。

**二是可辨别对象** 第一台防盗器安装在年初失窃的那个泵站，村干部反映说"太灵了"，一个晚上报警好几次，但当他们赶去时却发现没人，原来是蝙蝠、黄鼠狼等小动物进入导致的误报。于是我在防盗器中增加了"8 秒钟延时功能"，能分辨出入侵的是人还是动物，使用效果很好，当年下半年报警 20 多次，每次都因"警声大作"盗犯落荒而逃。

2007 年春节前后，余姚东部有个镇有 4 台变压器被盗，损失 10 多万元，镇领导听说我研制了防盗器，要求马上安装，4 月份在全镇 23 座大泵站一次性装好，此后几个月在附近几个镇的 100 座泵站也全部安装了防盗器，这年下半年余姚东部地区"一片静悄悄"，没有发生一起泵站盗窃事件。

2008 年春节前夕，我在余姚市委、市政府召开的"高层次人才座谈会"上介绍了这项技术，时任市长的陈伟俊把我叫出会场，要我送详细材料给他，第二天他在我的材料上批示："泵站被盗现象十分突出，影响生产，增加支出，正成为广大农村中反映很强烈的一个问题，泵站防盗器可行，可下决心在全市全面实施。"分管副市长提出把补助比例从一半提高到三分之二，并要我马上写报告，由他签字。但当我把报告送到财政局时该局领导说："哎，这件事还打什么报告，我早已安排好了。"原来我在会上发言时财政局局长也在场。

2010 年，我遇见已调任余姚市委宣部副部长的某镇原党委书记，他第一句话就是"啊，奕老师，你的防盗器解决了我们的大问题，当时

## 用奋斗托举梦想

真是头疼死了!"到 2013 年,余姚 300 多座排涝泵站、抗旱泵站、小水电站,1 700 座灌溉泵站全部装上了这种"电子保安",一个不大的创新,却解决了农民不小的难题。

### 三 让农民喝"矿泉水"

2003 年 8 月,有位镇领导打电话给我,说他们的水厂从水库取水,群众反映自来水"氨气"味很重,以前也出现过这个问题,今年久不下雨、气味更浓,怎么也解决不了,要我帮助解决。

因为我知道"再怎么处理,也除不掉水中的气味"这个结论。

好在我懂得"水库上层水杂质少、溶氧高,水质好,越到底部杂质越多、含氧量越低,水质最差。"这个原理。

我立马去水库踏勘,站在大坝上举目远眺,碧波浩渺;低头近看,水质清澈。我为在场的人科普:老酒坛里的"坛底酒"质量差、不好喝,油瓶内的"瓶底油"质量差、不能吃,水库底部有大量的垃圾沉淀,水质最差,水库上层有这么好的水,而水厂常年在底层取水,太可惜了。并现场提出了从水库表层取水的管路设计方案,刚说完,站在一旁的水厂厂长说:"噢,我理解,马上就改!"

半个月以后,这个镇领导来电话说:"新管路已经装好,水中气味没了,请你来看看。"当我再次来到水库时,只见两根 50 厘米直径的钢管翻越大坝,一端浸在水库上层,另一端伸向水厂。

◆ 时任水利部部长陈雷考察膜处理水厂(2008)

用最简单的办法，以不大的投资，从源头提高了水质，我感到很欣慰，不禁回想起一句话"知识的力量在于应用"。

2005 年开始，我负责山区自来水建设，全部采用从水库表层取水，这一措施受到了农民的欢迎，得到了普遍应用，同时采用国际上先进的"超滤膜"处理法，优质水源加上精密过滤，农民高兴地说："我们现在喝的是矿泉水！"

这项创新设计，2008 年获得国家发明专利。

## 四 给作物"打点滴"

喷灌、滴灌，本来用于灌水，后来发展为"水肥药一体化"，用于施肥、喷药，能节省 90% 的劳动力，显示了先进灌溉技术的魅力。同时市场上出现了国外引进的"施肥机"，价格每台数万元，我认为这仅适用于高投入、高产出的设施农业，而对于量大面广的露地喷滴灌，完全可以用更简单的方法。正如价格三五百元的函数计算器，对于少量设计人员是必要的，但对绝大部分人，包括银行职员，每个三五十元的计算器就足够了，简单、价廉、操作方便，完全能满足日常工作和生活需要。

我想到医院"打点滴"，就是把生理盐水、药剂、营养液都注入盐水瓶，用每个价格仅一元的输液器靠重力注入病人的静脉，输血也用同样方法，这不是典型的"水肥药一体化"滴灌吗。人是高等动物，且是最复杂的"机器"，治病救命尚且如此简单，而从未见到有"输液机"，那么给作物施肥、加药也完全可以简单化！

正本清源、破除迷信，喷滴灌系统一般都有水泵，而水泵的进水管是负压的，我的设计是在进水管打个孔，接上塑料管，利用进水管的负压，把肥药溶液"吸"进水泵、送入系统，就这么简单，成本不过几十元，且能节省数千乃至数万元的"专用设备"，农民使用多年后都说"非常实用"。后来我发现美国的《灌溉手册》中也提倡使用这种方法，称为"泵吸法"，其实老外似乎也是很讲经济效益的。

## 五　防止"病从口入"

农村河网中有大量漂浮物和杂质，进入喷滴灌管路后就会堵塞滴头甚至喷头，常见设计是在管路中安装许多过滤器，有各种类型串联的，还有同种规格并联的，往往总数多达十几个，不但投资高，而且运行中还需要经常清理垃圾，管理人员劳动强度大，是典型的"劳民伤财"设备。实际上，垃圾一旦被吸入了水泵，安装多少种、多少个过滤器都是被动的。

我与医学有缘，多个创新都是受医疗技术的启发。于是我又借鉴医生的思路。自从 1910 年，武连德发明口罩以来，防止"病从口入"，最简单、最有效的方法是戴口罩。同样，喷滴灌系统也可以防止"病从口入"："拒垃圾于水泵之外，"即在水泵进水口处设置"过滤网箱"。我比喻说，这是为水泵装上"纱窗"，把水中 95% 以上的杂物都挡在水泵外面，这种网箱成本千把元，且能使安装的常规过滤器数量减少三分之二，成本节约数万元，还能大大减轻农民的劳动强度，是典型的"事半功倍"。

从而我向大家科普：夏天，每个家庭把苍蝇、蚊子等飞虫拦截在窗外，主要是靠纱窗，而蚊帐仅起到"查漏补缺"的作用，设想一下，如果不用纱窗，仅靠蚊帐家里会是一种什么景象！

# 第八章　水稻节水

参加水利工作之初,是在老同志带领下工作。1990年,40岁的我开始主动寻找工作,当时中央提出:"经济建设必须依靠科学技术,科学技术必须面向经济建设。"我从报上读到一篇文章,题为"岗位成才天地宽",很有启发。我的岗位是农田水利,这是水利与农业的交叉学科,是很可能出成果的领域,就应该在这个主战场上寻找结合点。

当时,我看到一本《科普创作》杂志上说,凡是要推广的技术必须简单,只有简单的才能普及,并举例:双手消毒的方法有红外线、酒精、碘酒、双氧水、紫外线、清水冲洗等多种,但举国提倡的是"清水淋洗三分钟",这给了我很大的启发,应该选择操作方便的技术推广,才能产生巨大的效益。我推广的第一项水稻节水灌溉技术获得了成功,从中体会到孔夫子二千多年前提出的"人生四十而不惑",其不愧为"至圣先师"!

## 一 技术选定

早在1972年,联合国第一次环境与发展大会就指出:"石油危机之

## 用奋斗托举梦想

后,下一个危机是水。"前联合国秘书长加利曾指出:"导致当前世界战争的原因是石油,导致未来世界战争的原因是水。"水库,本来都是为农业灌溉建造的,1985年余姚有座中型水库开始向城区水厂供水,我把这称为"农转非",意识到缺水正从威胁变成现实,水库"农转非"是大势所趋,我对大型水库四明湖的局长说:"再过十年你们水库也要向水厂供水。"当时农业用水占全社会总用水量的70%,而水稻用水又占农业的70%以上,我逐渐有了这样的思路:缺水从节水抓起,节水从农业抓起,农业节水从水稻抓起。

1991年底,我读到河海大学彭世彰、俞双恩教授的论文,其中介绍"水稻控制灌溉"可以节水52%,增产14%,还能提高米质。

仅改变灌水方法,不增加成本,就能够既节水、又增产,这不是"第一生产力"的典型吗!当时余姚早稻加晚稻有80多万亩,如采用这种技术,每年可以节水4 000多万立方米。我还从报刊杂志寻找、到省科技情报所搜集国内外同类技术,共找到十多种水稻灌溉技术,发现各种技术虽然名称不同,但基本原理都是相同的,而我国的水稻节水灌溉技术在世界上是领先的,其中本省的"薄露灌溉技术"操作简便,就决定选用这一技术。水稻薄露灌溉,最简洁的表述是:"灌薄水、常露田",使稻田既有水分、又有氧气,节水的同时还能增产,这对传统的"水稻水稻、灌水到老"是一次革命。

### 二 做出样子给农民看

1993年3月,农业电价从每度0.12元提高到0.23元,水稻收购价从每千克1元提高到1.4元,我意识到推广水稻节水灌溉的时机到了。当时我正在位于临山镇的泵站工地负责施工,这里是余姚最缺水的地区,就决定首先在该镇试验示范。说来也巧,与此同时省水利厅发来了推广这项技术的通知，我感到搞节水灌溉的"天时、地利、人和"条件均已具备。

同年 5 月 7 日，在临山镇召开推广动员会，余姚市科委一位农艺师出身的科长为这项技术一锤定音："薄露灌溉技术完全符合水稻的生长规律，是水稻栽培技术的一个重大突破。"余姚市水利局局长虽然刚上任，却把话说到了点子上："薄露灌溉表面上看是一项'懒惰'技术，但'懒惰'的背后往往是科技的进步！"会后各镇立即行动，落实早稻示范面积 8 600 多亩。

当年 7 月 28 日，余姚市科委组织测产验收，结果两块示范田平均每亩节水 74 立方米、增产 63 千克，这让测产人员有些意外！总农艺师让农户老潘谈谈节水灌溉效果，老潘掰着手指说："第一是省水，比对照田少灌 4 次，而且每次都灌得很浅；第二是产量高，刚才割稻的亲戚还问我，'怎么两块田的稻头有轻重？'；第三是根系发达……"

"你怎么知道根系发达？"总农艺师禁不住插嘴问，老潘蛮有把握地继续说："我在田边掘沟时，锹插下去'沙沙'的声音比较响，手感也不一样……"总农艺师高兴地对随行的电视台记者说，"好哇，这是老农民介绍薄露灌溉的效益，这个镜头太珍贵了！"

## 三 "鲁迅关心余姚人"

1993 年 8 月 14 日，余姚市刚完成晚稻插秧，市农经委在中部低塘镇召开薄露灌溉技术推广会，水利、农业、科委等部门和各乡镇领导参加。我在会上介绍了鲁迅先生关于余姚缺水的杂文《不知肉味和不知水味》。1934 年 8 月 30 日，上海《申报》报道，上海举办孔子诞辰纪念会，演奏当年孔子听后"三月不知肉味"的"韶乐"；同日在《中华日报》上，却是一则余姚朗霞因争水而出的"人命案"的报道。鲁

## 用奋斗托举梦想

◆ 珍藏的鲁迅杂文（1966）

迅先生看后义愤填膺，奋笔疾书：

"闻韶，是一个世界，口渴，是一个世界。食肉而不知味是一个世界，口渴而争水，又是一个世界。自然，这中间大有君子小人之分，但'非小人，无以养君子'，到底还不可以任凭他们互相打死、渴死的。"

"听说阿拉伯有些地方，水已经是宝贝，为了喝水，要用血去换。但余姚的实例未免有点怕人……"远在上海的鲁迅先生关注余姚的缺水，使与会人员感到既新鲜、又亲切，有人开玩笑说，余姚本来属于绍兴府，我们是鲁迅的"同乡人"，所以特别关心。这篇杂文是在"文化大革命"期间盛行的"单行本"上，当年读到就感到很亲切，30年后重提此文，是为了证明余姚缺水的历史性和现在节水的必要性。

### 四 用大白话讲解科学道理

1993年，时任国务院副总理的朱镕基在一次会议上说："回顾人类文明史，任何超越人类认识常规的伟大发明和发现，总需要给人们一个逐渐认识、逐渐理解、逐渐接受的过程。"这段话揭示了科学发展的一条真理，增强了我开展技术推广的信心。我认识到推广水稻节水灌溉，关键是改变农民自从"盘古开天地"以来形成的"水稻水稻、靠水养老"的传统观念，不但要做出样子给农民看，还要用通俗的语言讲给农民听。

1994年，我以《少灌百方水\*、多打一担粮》为题到各乡镇作科普报告，重点讲清"为什么少灌水能增产"：

"作物所需水分是靠根系吸收的，水稻根部长期淹没在水中，不但没有必要，而且是有害的：

    水稻水稻，以水养稻，

    灌水到老，病虫到脑，

    烂田割稻，谷多米少。"

"人需要吸入氧气，呼出二氧化碳，如蒙被子睡觉，氧气不足，对健康有害。同样，作物根系也需要吸入氧气，释放二氧化碳，如田面长期有水，土壤缺少氧气，就会发生烂根。"

"一个人如胃有病，甚至切掉3/4，虽然还能活着，但不会健壮。同样作物根系有病，俗话说'白根是命根、黄根是病根、黑根已丧命'，就会影响肥料和水分吸收，造成倒伏减产。"

农民说，你这样讲，我们听得懂！

同时我拟写了宣传标语发至各村，要求大幅标语上墙：

    "少灌百方水，多收一担粮"

    "薄露灌溉好，省工、省本、产量高"

    "水稻要水又怕水，灌水太多反有害"

    "水稻毋须水中泡，干干湿湿更加好"。

并要求效果要像广告一样好，这是学习广西的经验，"像宣传计划生育那样宣传科学灌溉"！我推广节水灌溉的做法是综合创新：操作方法是浙江的，基础理论是河海大学的，而推广方法是广西的。

我还在《浙江日报》《浙江科技报》《农民文摘》上发表科普文章，

---

\* 1方水为1立方米水。下同

## 用奋斗托举梦想

◆ 优秀论文获奖证书（2008）

介绍薄露灌溉的增产原理、操作方法、推广前景，其中《浙江日报》一篇"少灌10亿方水、多产10亿斤粮"，被水利部农水司和《中国水利》杂志评为优秀论文，收到了奖励证书，却至今不知道是谁推荐的。朋友看了我的科普文章以后发来评语："对水的爱有多深，研究就有多深，大白话看似简单，却是智慧的结晶。"

## 五 省政府现场会

更为难忘的是，宁波市水利局对推广薄露灌溉的高度重视，在技术推广工作布置会上，时任局长的杨祖格讲话指出："推广薄露灌溉技术是一项非工程性的节水措施，不需要花什么大钱，其可操作性强，农民容易掌握，如果推广100万亩，每年可以节约1亿立方米水。谁有那么大的本事，用其他简单的方法节约1亿立方米水？因此要用战略的眼光看待薄露灌溉技术的推广，我自告奋勇担任这项技术推广领导小组的组长。"杨局长毕业于清华大学，对这项技术的认识非同凡响。

1994年7月23日，在省政府现场会的前二天，杨祖格局长邀请宁波市科委、农业局、农科院的六位专家到余姚测产验收，结果采用薄露灌溉技术的稻田每亩增产85.6千克、节水117立方米。验收小组组长，宁波市水稻栽培的权威专家、高级农艺师、市人大常委会委员，在验收意见上郑重地签下姓名"黄渭浩"，我看见他当时手有一点颤抖，似乎感到意外和震惊！

同年7月25—26日，省政府到余姚召开薄露灌溉现场会，参加会议的有省市水利、农业、林业、科技等部门领导、以及农业大学、中国水稻研究所等单位的专家，加上各县领导共200余人。时任副省长刘锡荣提前一天到余姚进行实地考察，一到田头就指着其中一块地说："这块是薄露灌溉的，我一眼就看出来了！"在

◆ 时任副省长在考察水稻薄露灌溉（1994）

听取镇、村领导汇报以后，当场总结节水灌溉有"四节两增"效益，即"节水、节电、节工、节本，增产、增收"等效益。

在第二天的大会上，刘锡荣副省长作了一个多小时报告：大家都知道，七千年前我们的祖先已经在这块土地上种植稻谷，而今我们后人在提高水稻生产技术上也是责无旁贷的，要承上启下，继往开来，要进步、要发展。水稻薄露灌溉这项技术经过我们有关部门的领导同志和科技人员、专家，以及各地市县党政领导的努力，经多年示范试点及推广试验表明，增产节水的效果非常明显，经济效益很好……

《浙江科技报》对会议做了报道，并配发评论员文

◆《浙江科技报》评论员文章（1994）

## 用奋斗托举梦想

◆ 到杭州水利局讲课（1994）

章《薄露灌溉等于造水库》，对农业节水重要意义的表述，语言清新，文字流畅，有荡气回肠之感："水是一种宝贵的资源。水的宝贵在于它的不可替代性。近年来，由于缺水，我省有不少工厂停工、停产；由于缺水，有许多城镇建设、工业项目不能上马；也是由于缺水，今年还有相当部分晚稻秧插不下去。随着经济的快速发展，人民生活、工业生产用水大量增加，供水矛盾日益突出……因此推广水稻薄露灌溉技术，具有重大意义。我省有2 000多万亩水稻，还有其他农作物，农业节水是大有文章可做的，关键是要提高认识，水是一种有限的、不可替代的宝贵资源，工厂要节水、城市要节水、农民更要注意节水。"

1998年5月，茆智教授陪同国际水稻研究所两位博士来余姚考察，向当地农民询问了薄露灌溉的方法以后，其中一位叫托法克·桐的专家说："你的方法真正被农民接受了！"同年，我还参加了水利部培训教材《水稻节水灌溉技术》一书的写作，撰写了其中薄露灌溉的内容。2010年，我又参

◆ 茆智教授（左二）陪国际水稻所专家（左三、左四）考察薄露灌溉（1998）

加了该书第二版的撰写，作为唯一的基层作者，相隔12年再次参加编

写了该教材。

## 六 "可持续发展在中国"优秀案例

1998年，我开始推广更加节水的"水稻无水层灌溉"，本质上就是更为严格的薄露灌溉技术。采用这种技术在多雨的南方一季水稻仅需灌水2～4次，能节水60%～70%。我在河姆渡博物馆附近设立了"水稻无水层灌溉示范区"，凡有水利专家、领导来到余姚，就可以同时参观博物馆和示范区，一举两得、节约时间。

◆ 水稻无水层灌溉对比田（1998—2018）

1999年10月，应时任国际灌溉排水委员会副主席许志芳教授的邀请，我出席在桂林召开的"国际水稻节水灌溉会议"，在会上宣读了论文《水稻薄露灌溉和无水层灌溉》，与会专家反响热烈，特别是受到水稻节水灌溉搞得最好、获得"国家科技进步奖一等奖"的广西水利厅两任厅长的好评让我感动。

2000年3月，新华社

◆ 在国际会议上宣读论文（1999）

## 用奋斗托举梦想

◆ 国际水稻专家（右二）再次到余姚考察（2000）

记者专程来余姚采访水稻无水层灌溉，中央电台也作了新闻播报。同年6月，又有两位国际水稻专家在中国水稻研究专家的陪同下，来余姚考察无水层灌溉，给予了高度的评价。

这项试验示范持续到我退休后2年，到2018年才结束，历时20年，早稻、晚稻平均每亩节水171立方米、节水率71%，增产42.5千克/亩、增产率9.3%，可见水稻节水、增产潜力之大，这是极其珍贵的试验成果。

2005年，水稻薄露灌溉技术被全国人大常委会环资委、中国科学院、清华大学等单位的专家评为"可持续发展在中国"优秀案例。这年3月25日在北京饭店举行颁奖典礼，主持人白岩松介绍这一项目的台词是："各位观众、各位听众，有这样一项技术，它的应用不需要成本，

◆ "可持续发展在中国"案例大赛留影（第二排右6是我）（2005）

却可以每亩节约 100 方水，我国有 4.6 亿亩水稻，如果都采用这项技术，可以节约 460 亿方水，这接近黄河的水量……"

2006 年，我与中国水稻研究所联合，以"水稻好气灌溉技术研究与示范"为题，获得浙江省政府科技进步奖二等奖。

2007 年，一位原余姚市的领导，后调任宁波市副市长的徐明夫对我说："老奕啊，你到底是水利专家，十多年前就想到节水了！"佩服之情溢于言表。

## 第九章　国际会议

从 1994 年起，我参加国际会议 10 次，并用英语宣读论文，向世界介绍中国南方的节水灌溉，展示中国水利工程师的风采。2007 年春节前夕，我参加余姚市"高层次人才座谈会"，时任市委书记王永康（工学博士）在会上说："奕老师作为一个在县级部门工作的水利工程师多次在国际会议上宣读论文，这是很了不起的。"

这里仅回忆其中在武汉、北京、伊朗、德国参加的 4 次会议。

### 一　武汉会议用英语宣读论文

1994 年除夕，我从《农田水利与小水电》杂志上获悉，"国际灌溉管理会议"将于这年 9 月在我国武汉水利电力大学举行。我知道国际上多年提倡"农民参与灌溉管理"，我有这方面的实践，于是在春节期间写了一篇论文《中国余姚老方桥镇的灌溉管理》，寄往国内秘书处。3 月 28 日，收到秘书处署名"茚智"的回信："你的论文切合会议主题，将由我代表国内秘书处将此文推荐到国外秘书处，由他们选定，争取录入国外汇编的论文集。"

7月18日，收到国内秘书处通知："大会给你全资助。"

9月6日，又收到秘书处来信："你的文章已被选入国外论文集，且传真来排为中国人所录用15篇中的第一篇（总共从50篇中选了15篇），特祝贺你！"

这是我从1978年收到"高考录取通知书"以来的第二封让我特别高兴的信。第一篇国际会议论文，严格地说是"习作"，怎么会被国外秘书处看好？我理解是两个原因：一是内容真实，剖析了一个乡镇、一只"麻雀"，实际上代表了余姚、浙江乃至中国东南部农田水利的管理状况，"老外"喜欢真实的、鲜活的经验；二是表述规范，从格式、谋篇布局，学习了余姚籍水利专家娄溥礼的论文《中国的灌溉》。娄溥礼是我国杰出的农田水利学家，曾担任国家灌排委员会主席、水利部副部长，他是我所从事的专业的权威，所以我喜欢读他的论文。我体会这篇论文获得成功的原因是：写论文就像学书法，开始一定要临摹，格式应该学习，但内容必须是自己的。

这一年的9月20日，我到武汉水利水电大学，报到处有位老师亲切地自我介绍："我姓茆"，这是我第一次见到茆智教授。21日参加会议，会场上有200多人，其中三分之二为国外代表，我发现同声翻译经常"掉队"，并觉得用中文读总是隔一层。会议安排我23日上午发言，22日下午我壮着胆子向翻译表示"想用英语发言"，"那是可以的，但你晚上先读给我听听"，翻译热情地回答。那天晚上正是湖北省安排专场文艺晚会，可我哪有心思去看演出，当我以紧张的心情读完一遍时，翻译鼓励我，"行啊，奕先生你的发音不错嘛！"

9月23日，我鼓足勇气走上讲台宣读论文：

Mr. Chairman, Ladies and Gentlemen, The title of my paper is Irrigation Management Transfer in Laofan qiao Town of Yuyao City of China. （主席先生，女士们、先生们，我的论文题目是"中国余姚老方桥镇的

## 用奋斗托举梦想

灌溉管理"）

发言时会场很宁静，我的心情也出奇地平静，甚至还能留心侧听翻译有否与我同步（此时他为我国代表译中文）。发言很顺利，比自己"练兵"时还流利。事后我想，这大概像一个运动员，在万众瞩目的比赛场上能发挥出最佳水平。

发言结束时，各国代表热烈提问："你们在水资源问题上诉讼吗？""上下游矛盾怎么解决？""农民管水员有没有职称？"等。"我们水资源由各地区之间协商分配，出现矛盾是由上一级水行政主管部门协调解决，不会到诉讼的地步……"，我一一作了回答。因为提问时间超过了规定的5分钟，我不得不停止回答，但刚回到座位，就有国外代表前来与我交换名片，赠送资料，我国代表则要求提供发言的中文稿。会后翻译告诉我"你发言的效果是很好的"。

在晚上的宴会上，同桌的武汉水利电力大学的副校长是浙江温州人，问我是哪所大学毕业的？我放慢语速说："浙江水利水电专科学校！"他惊喜地赞叹："啊，家乡水专的教育质量这么高！"这次会议我国代表70多人，当时"海归"还很少，其中用英语发言的仅有2人，另一位是北京大学姓牟的博士后，我们两个彼此欣赏，成了好朋友。

我用英语宣读论文的消息在《宁波日报》头版报道："奕永庆登上国际学术会议殿

◆《宁波日报》报道（1994）

第九章　国际会议

堂,"那天我正去宁波市水利局联系工作,还没有看到当日报纸,该局的领导就向我道喜了:"小奕啊,你为我们水利工程师争光啦!"同时,《浙江日报》《中国水利报》也相继作了报道,标题则是"乡下人登上国际学术会议殿堂"。

## 二 北京会议获评优秀论文

在武汉会议上北京大学那位牟博士告诉我,明年北京有一次国际雨水利用大会,他是会议的秘书长,邀请我去参加。我说我是搞农业节水的,得找到与"雨水利用"的结合点。第二天我告诉他,我正在推广水稻节水灌溉,灌水时水层很薄,且经常落干露田,下雨可能多蓄水,能提高雨水利用率。他听了双手抱拳说:你把雨水利用的领域从房顶扩大到田间,雨水资源利用量千万倍增加,这是观念上的飞跃!就这样定了,明年北京见。

1995年6月,我的又一篇论文《水稻薄露灌溉、提高雨水利用率》被第七届国际雨水利用大会录用。会议在北京国际会议中心举行,会议没有配翻译,开幕式上中国科学院一位副院长致辞,不会用英语讲,"临时抱佛脚",找了个现场的研究生当翻译,两个人头碰在一起,一位结结巴巴读一句,另一位磕磕绊绊译一句,双方都头上冒汗,弄得很是尴尬。

我国学者的论文共22篇,其中安排在大会上发言的5篇,结果上台宣读的仅2人,一位是甘肃农业大学的

◆ 1995年在会议主席台上(中)

教授,另一位是我。发言的5人被安排坐在主席台上,其中我国2人,日本、马来西亚、澳大利亚各1人,我恰好在中间。武汉会议期间我曾想过,什么时候能上主席台,没想到第二次会议就实现了。我向来自40多个国家和地区的1 000多名中外专家介绍水稻节水灌溉、大面积提高雨水利用率、节约水资源的经验,受到与会专家的好评,我的论文还被评为优秀论文。获奖论文共有4篇,中国、国外各2篇。

## 三 伊朗会议听总统讲节水

1997年4月17日至5月1日,我作为中国代表团成员赴伊朗参加"第八届国际雨水利用大会"。代表团共17人,团长是中国科学院院士,水问题研究中心主任刘昌明,成员来自中国科学院和几所大学,我是唯一的基层代表。

◆ 1997年在德黑兰留影(前中间是我)

刘昌明院士是我国自然地理水文水资源研究领域的开拓者,他和我是1995年在北京会议期间认识的,对我这个来自基层的代表很是关注,我两次赴国外参加国际雨水利用会议都是他推荐的,并给我很多教诲和指导,2012年还为我的成果作鉴定专家。

由于在"两伊战争"中,我国与伊朗和伊拉克两国都保持友好关系,所以伊朗方面接待我国代表团特别热情,普通民众对我国代表也非常友好。会议休息期间,刘昌明院士给大家讲了个真实的故事:我国有个代表团到某国去，对方接待非常热情，随团翻译是个年轻人、想入非非，擅自离团、滞留不归；然后到该国政府部门去谋工作，人家一看是个"开小差"的，打心底鄙视，结果热情变成了冷漠；他无奈到社会上去求职，但因一无所长而找不到工作，马上面临"食无粮、居无所"、流浪街头的窘境，最后悔恨交加，向当地中国大使馆求助，使馆为其提供了回程机票，不过此时他的身份已由"出国翻译"沦为"遣返人员"，回国后受到了应有的处分。

讲完故事，刘院士语重心长地说："人家对我们热情并不是我们个人有什么了不起，而是因为我们背后是强大的祖国。"大家听了心里既沉甸甸、又热乎乎，更增添了民族自豪感和责任感。

刘院士鼓励大家在会议上发言，他说："在国际会议上大家都应该发言，如果我国代表都不发声，那只能叫'国外会议'，只有在会议上发言的才是'运动员'，否则只能算'观众'"。从而我每次都带着论文参加国际会议，并在会上宣读，坚持当"运动员"，而从没当过"观众"。这也正是受了刘院士的教诲。

伊朗中部高原地带干旱少雨，年降水量不足100毫米，因此对雨水利用会议很重视，时任总统拉夫桑贾尼亲自出席会议，并在会上脱稿讲话一个多小时，动情地介绍他家乡"拉夫桑江市"缺水的历史和现状，也讲了雨水利用对伊朗的重要性。我在会上用英语宣读了论文《中国余姚四明湖水库洪水集蓄与利用》，向世界宣传余姚，让世界了解中国，论文被编入会议论文集。

## 四 德国会议享"论文专家"待遇

2001年9月10日，我赴德国参加第十届国际雨水利用大会。代表团共22人，其中有论文的仅6人，会议举办方给有论文专家的待遇：

一是免缴会务费（1 200美元）；二是在德国期间提供医疗保险。当组委会让我填写"保单"时，我还不理解，原来是如果在会议期间生病，医疗费用可由当地保险机构理赔，这让我感到很意外。

◆ 在展板前介绍论文（2001）

会议地点位于德国西部的法兰克福附近，一个叫曼海姆的中等城市。我在会上宣读了论文并展示图片（POST），介绍水稻科学灌溉，雨水资源化利用的经验。曼海姆给我留下了美好的印象：电车轨道镶嵌在如茵的绿地中间；房子外墙、窗户玻璃，像刚经过一场暴雨淋洗的那样明净清新，可称"一碧如洗"；马路几乎都是用块石砌出，块石间有缝隙，雨天渗水、晴天蒸腾；街道两边、房前屋后、阳台窗台都姹紫嫣红，连浮游在莱茵河的货运船上也有几十盆鲜花点缀。

**设备展览仅一天** 会议期间在会场外绿草地上举办了设备展览，德国有许多成熟的雨水利用设备，场地上展出的各种产品结构之精巧、外观之完美，让各国代表感叹不已，其中大部分产品的材料是工程塑料，这让来自"塑料之乡"的我感觉很亲切。

更让我们惊叹的是办展览的效率：我们报到的同一天，参展设备陆续运来；第二天这些设备就布置在青翠的草地上，而且还小心翼翼地采取了保护措施；第三天安排我们参观；第四天撤展。会议尚未结束，展品已无踪影，草皮也几乎没有损失，依然是"碧草青青花盛开、彩蝶双双久徘徊"的景色。德国人的办事以严谨著称于世，这次让我领教了：干脆、利索、高效！

**未见梯田见坡地** 会议的另一项内容是参观,从位于德国西南部莱茵河畔的法兰克福,到东北部的花园城市首都柏林,行程550多公里,可算"纵贯"西东南北。途中看到车窗外平展展的耕地和草

◆ 从列车窗口看到的田野(2001)

场风驰而过,我记住了几点:一是田块很大,数百亩成方连片,有利于农业机械化,没有梯田、还保持自然的斜坡;二是绿树一株株、一簇簇、影影绰绰点缀在田野中间,可见其对土地生态和农田防护林的重视;三是看到田头留有水塘,水塘边上垒着石块,并不是水泥板。这使我对现代化农田有了新的认识。

**柏林街头的"雨水景观"** 最后一个点在柏林市内,由一座剧院和前面街道上的水景构成的文化广场,收集附近街区的雨水,经过处理补充地面的水景。我们参观了建于地下的雨水处理厂,处理设备和储水罐排列整齐。据说在柏林雨水直接排放是要收排污费的,所以雨水利用既能避免缴费,又能节约自来水,一举两得。这给我启示:要把节水的理念化为行动,是需要以经济杠杆为核心的"法律和制度"保证的。两天参观旅途,我与2位非洲专家坐在同一排聊了一路,既练习了英语口语,又形成了共识:"水是最宝贵的资源,即使再有钱,也没有资格浪费水、污染水!"

**低地之国——荷兰** 荷兰的农田排水技术和围海造地工程在世界上首屈一指,我早就想到荷兰去看看。德国会议结束后,我约了甘肃和内蒙古水利科学院的3位新老院长同行,考察了荷兰。

## 用奋斗托举梦想

◆ 参观荷兰哈灵大闸（2001）

**"千年一遇"的海堤** 荷兰从13世纪起就开始大规模围海填地，如今国土的四分之一是人工"填海造陆"的成就，故有"上帝造海、荷兰人造陆"的说法。我们参观了著名的围海杰作"须德海工程"，"1 250年一遇"的大堤却是用普通块石堆成，堤面看不见混凝土。此外，还参观了另一项著名的"三角洲工程"，其中的哈灵水闸，最大闸孔宽57米，使我大开眼界，因为当时我国的最宽闸孔只有10米。

**"天然"的水沟** 荷兰耕地面积仅占我国的5%，却是世界农业强国，它的农田究竟先进到什么程度？这是我此去荷兰的主要目的。横跨东西、纵贯南北的农田上，只见连绵的草原与天际相连，一群群黑白相衬的奶牛在草地上悠闲自得，广袤的田野充满了生机。考察途中，我们多次下车察看，发现河道、水沟没有石块，也不见混凝土，而是天然泥坡，偶尔还有排排木桩，这使我认识了"现代化"，原来现代化不是"水泥化"，从而我把这些理念也用到了此后的农田水利设计中。

# 第十章　高标准农田

从 20 世纪 90 年代中期开始，我主持余姚市现代农业园区建设，用现在的话说就是"高标准农田"和美丽乡村建设。在设计中采用"山、水、田、林、路"综合治理的思想，结合实际创新应用多项国内外先进的农田水利技术，经过十多年建设，从示范到普及，全市 40 多万亩农田完成新一轮改造，2014 年余姚被国务院表彰为"全国农田水利建设先进单位"。

## 一　农业示范园区

1996 年 3 月，我负责第一个"农业示范园区"的设计和施工，住在农家，天天到工地，建成稻区农田水利示范工程，当时总结为："田成方、林成网；路相连、沟相通；泵站在河边亭亭玉立、鲜花在田头迎风摇曳"，展示出现代化农业的美丽画卷。

这一设计成为全省的典型，施工期间及此后几年中，有浙江省省长、宁波市市委书记等各级领导，以及省内外水利、农业专家共一百余批次，一千多人前来参观，其中有新疆玛纳斯县，安徽的巢湖市、

## 用奋斗托举梦想

庐江县，江西上饶市，湖北襄樊地区，江苏高邮市等地水利局的人员，我开玩笑说"我成河姆渡博物馆的讲解员了"，省农业厅派人专门来园区拍摄了电视专题片发到各市县播放。

◆ 日本农田水利代表团考察（1999）

同时由水利部、省水利厅及农业厅等部门推荐，有日本、美国、德国、英国、菲律宾、越南、荷兰等国的30位学者前来考察。来自日本的学者坦言："我们国家的农田水利也不过如此。"来自越南胡志明大学的教授则伫足田头，陷入沉思。这张照片上似乎都是国人的面孔，其实只有中间双手反剪的一位是我们水利局的领导，另一位穿红衣服的女士是水利部翻译，其他6位都是日本专家，其中4位端着笔记本，学习态度令人钦佩。

## 二 节水灌溉示范区

2001年3月，我在泗门镇小路下村主持国家级"节水灌溉示范工程"，这里也是经济作物区农业园区。在土地平整、道路绿化、河道改造的基础上，还建了500多亩蔬菜、葡萄、梨树喷灌，首次采用电脑控制，在室内移动鼠标就可以控制田间灌水，还配

◆ 棉花—榨菜地喷灌（2001）

套了气象观测站,成为农田水利促进效益和农业发展的典型。

2001年8月,浙江省水利厅厅长张金如带队,在小路下园区召开"全省农田水利促进效益农业发展现场会";12月由水利部姜开鹏司长陪同,台湾水利会36人到这里考察,客人惊叹"从这里看到了真正的大陆水平";2002年3月,广东珠江三角洲地区的32位同行参观后感慨"天外有天";水利部冯广志司长考察后评价:"这里展示了21世纪现代农业的雏形。"

## 三 农田也应有"静脉"

农田水利,英语译成灌溉和排水,现在国外有学者"与时俱进",取了个高大上的名称:"作物环境控制工程",但本质上还是灌水和排水,且同等重要。由于历史原因,农户习惯上"重灌轻排",大多数农田只有灌水渠,却没有排水沟,或者仅有很浅的水沟,只能排出地面水,很少有人想到还要排出"土壤水"。

实际上,任何作物,包括水稻、茭白等水生作物都是"*需水又怕水,灌水太多反有害*",尤其是南方由于地下水位高,作物根系常年"坐水牢",是造成低产的主要原因。早在20世纪六七十年代农业部门就指导农民开排水沟,并称之为"丰产沟",可是在生产实际中还是只关注"进水",而轻视"出水"。

1996年,浙江省水利厅在杭嘉湖地区某地召开"现代化农田水利现场会",大家看到的排水沟表面都浇了混凝土,而没有留排水孔,把水沟浇成了"水泥船",压根儿没有考虑到排出土壤水,很显然设计者不是学农田水利的。

为此,我设计了"排水深沟":水稻区沟深0.8~1米,经济作物区深1.2~1.5米,并设有上、中、下三层排水孔,分别排出地面水、土壤水、地下水。开始大多数人不理解，认为水沟太深是浪费，有位乡干部还打电话给水利局领导责问："你们这位同志懂不懂？"

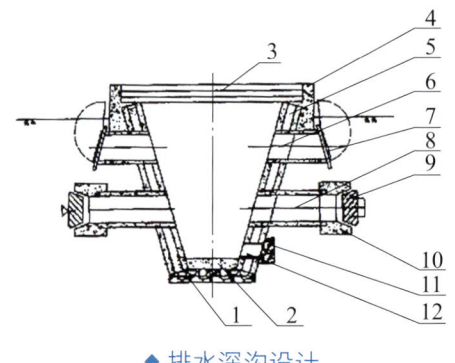

◆ 排水深沟设计

◆ 第一条排水深沟（1996）

当时只有两位领导明确支持，一位是省水利厅的农水处长，他说"排水沟是要这样深！"毕竟是内行，谢天谢地，我视他为知音；另一位是时任宁波市委书记，他看了我设计的有多层排水孔，还配有过滤层的排水沟大加赞许，听说他是同济大学毕业的，学的是"路沟桥"专业，所以对农田排水触类旁通。

我给村干部和农民科普："城市建设有上水道（自来水）、下水道，我们身体内有动脉、静脉，动脉相当于自来水管，静脉好比下水道，农田也一样，必须有上水道（动脉），就是渠道，但还要有下水道（静脉），就是排水沟；现在大家坐在这里，如果只给大家送茶喝水，却不准去厕所'排水'，你们会多难受？同样道理，土壤水排不出，空气进不去，作物也很难受，结果就会导致低产。"

大家听了以后说，听奕老师这样讲有道理，排水也是很重要的。金秋时节，碧叶染黄，稻谷飘香，田野里一片丰收景象，干部和农户也逐渐统一了认识，这项高产措施也随之得以迅速推广。

几年后，我参加一个"国土整理项目"的验收，该项目由浙江大学某团队设计，会前浙江大学的一位教授悄悄对我耳语："奕老师，我们采用了你的设计，事前没跟你打招呼，请多多包涵。"然后拱手抱拳。

我说我的设计被浙江大学的老师采纳,能在更大范围应用我很高兴,还得感谢你们呢!

## 四 美丽乡村建设

在农业园区建设中,还有对"泵站造型"和"防风林"两项科普,实际上是对农田是否需要"美观"的认识过程。农村泵站原来大都风雨难遮、破烂不堪,我的设计是近乎"别墅"的造型,有人认为这是浪费。于是我问大家现在城市最漂亮的房子是什么?有人回答是厕所;我又问农村最漂亮的是什么,有人说是某地的坟墓;我说:"现在泵站是村里为数不多的集体财产,是抗旱、排涝的救灾设施,难道不应该像厕所、坟墓一样美观吗?"大家听了觉得这有道理。

另一个是对农田道路"绿树成行"的设计心存疑虑:一是担心树荫遮挡作物,二是害怕树丛躲藏害虫。于是我向大家解释:第一,每次台风过后,作物的叶子伤痕累累,伤口有汁液流出,这相当于我们

◆ 泵站在河面上"亭亭玉立"(1996)

## 用奋斗托举梦想

◆ 美丽农村河道（远处为喷灌泵站·2001）

身体有伤痕、在流血，绿树成行表面上仅是好看，其实是"防风林"，能使树高 20 倍范围内的风速降低 70%，其好处远远大于遮阴的损失，北方有防风林，我们南方也同样需要；第二，绿树成荫，树底下凉爽，夏天是休息的好地方，可以改善大家的劳动条件；第三，道路绿化当然是风景，城市道路绿树蔽阳，公路两旁绿树成行，农村道路也应美观。有人问美观有什么用？我又发挥"打比方"的特长，开玩笑说："每个人都有眉毛，但谁能说出眉毛的用处？又有谁愿意把眉毛刮掉呢？倒是有许多女士、甚至先生每天出门前不忘把眉毛画得浓浓的，以把两只眼睛衬得炯炯有神！"农民用笑声表示了理解。当教师的经历提高了我的表达能力，习惯用通俗的语言、生动的比喻，深入浅出地说明了科学道理。

2016 年 4 月，习近平总书记指出："中国要强，农业必须强；中国要美，农村必须美；中国要富，农民必须富。"总书记对"三农"重要性的表述，使我感到 20 年前那些科普语言"歪打正着"了，让我对曾经激活田野形与神的设计，坚定了信心。

## 第十一章　人大代表

1997年底,我被选为余姚市人大代表。第二年年初在余姚市人代会上,我又被选为宁波市人大代表,一举成了"双代表"。人大代表每五年换届重选,每次换届老代表比例不超过1/3,我在2003年、2007

◆ 当人大代表第一年(1998)

年、2012年三次换届中均当选,连续当了四届宁波市人大代表,直至退休后的2017年,其间还担任过一届余姚市政协委员。当代表、委员19年,我共提交106件代表建议和委员提案,属于"能够反映真实情况的代表(委员)",2007年被推荐为《浙江人大》杂志封面人物。

我生在农村、当过农民,工作是为农业服务,对"三农"最熟悉、也最有感情,所提的建议和提案大部分"涉农",并且每年都在会上发言,记得有一年还在政协会议上大声疾呼,要重视农业:

## 用奋斗托举梦想

"农业产值占国民经济的比重大约只有3%，但不能因此就以为农业可有可无了，人类的大脑重量占体重的比重不到3%，爱因斯坦的大脑重1 230克，列宁的1 340克，仅占他们体重的百分之二点几，但"大脑"恰恰是全身最重要的，同样这3%的农业，是我们赖以生存的最重要的基础！"

我发言时看见余姚市分管农业的副市长在座位上会意地点头，散会时我正好与余姚新到任的市长乘同一部电梯下楼，他激动地说："奕委员，你这个比喻太生动啦！"会后我还收到一位人民医院五官科主任的政协委员发来短信："我这个学医的也不知道人的大脑占体重不足3%，你是超人！"

## 一 呼吁"解决百万农民饮水安全问题"

2003年，我对余姚市农村饮水状况作了调查，山区虽然已有"自来水"，但仅仅是"自己流出来的水"，没有经过过滤、也没有消毒，农民说他们洗脸面盆有"底脚"，烧开水热水瓶有沉淀，有时水龙头中会有腐烂的鱼和小动物流出。为了用数据说话，我分别从山区乡政府食堂、村落古井、溪道取了水样，到市疾病控制中心化验，结果每毫升水中细菌总数平均达到92个，而国家饮用水标准规定不允许超过100个，其中致病菌大肠杆菌不允许出现1个，这样处于风险边缘的人数余姚就有21万人，当时估计宁波全市超过百万人。

2004年宁波市人代会上，我送上了"关于解决百万农民饮用水安全的建议"。由于当时这项工作的"有关部门"还不明确，这个事关山区农民饮水的建议阴差阳错地交由城市管理部门办理，结果当然只能是"空头目标、难有行动"了，这能理解。

2005年宁波市人代会召开前夕，我被安排参加"政府工作报告"征求意见会，由一位副市长主持，我再次提出"解决百万农民饮水应列入政府日程"，并动情地说："我是为山区农民呼吁，我自己家乡在杭州湾边，那里早已在十多年以前就喝上了清澈甘甜的四明山水。"

仅过了20天，人代会报到时，我从会议文件中惊喜地发现，"农民饮水安全工程"被列为当年"十件实事"之首，同时宁波市财政部门征求我意见后确定每年安排财政资金1 000万元。

这项工作在余姚由我负责，我决心要让山区人民喝上像城里人一样的自来水。三年时间内我走遍了186个自然村，建成205个供水站，人口最多的2 000余人，最少的仅30人，都配置了过滤、消毒等设备，实现了"村村通水、站站消毒"，山区21万人用上了放心水，创造了又一个全国先进。2018年1月，水利部陈雷部长专程到余姚考察，同年8月在我的汇报材料上批示：

"余姚的农村饮用水安全工程建设和管理抓得实，值得各地借鉴。"

◆ 陪时任水利部部长陈雷（右）考察（2008）

## 二 呼吁"大力推广喷滴灌技术"

我从2000年起研究喷滴灌优化设计、降低造价，到2002年趋于成熟，应用效益很好。于是每年都在人代会上提出与"大力推广经济型喷滴灌"有关的建议，因为人代会上主要领导都出席，各部门领导均在场，在这个平台上宣传效果最好。

2007年前，余姚市财政每年安排喷滴灌资金100万元；2008年余姚市政府常务会议批准，增至每年500万元，这让其他县市的同行羡慕。

## 用奋斗托举梦想

宁波市 2001—2006 年每年安排专项资金 200 万元，2007 年增至 1 500 万元，时任副市长陈炳水还批示"只要工作有突破，资金可以追加"。有了这样的"尚方宝剑"，宁波市市财政局、水利局领导纷纷表态"喷滴灌资金不封顶"，此后逐年增加，至 2014 年达到 4 200 万元，这让全省、乃至全国水利系统的同仁佩服。

钱学森在 1996 年有个谈话："你怎么让人家了解你的工作，支持你的工作？这就需要科普，需要科技人员做科学普及工作。很多领导干部不是学科学的，你的科普要他们听懂才行！"

我想领导也是人，只有获得准确的信息，他们才能作出正确的决定。俗话说："老大难、老大难，'老大'重视就不难。"凡事想要得到领导重视，就首先要重视向领导宣传，学会向领导"科普"，这是我从事技术推广的一大体会。

2009 年由宁波市科技局推荐，"经济型喷滴灌技术"被国家科技部、财政部列入"农业科技成果转化项目"，获得科技转化资金 100 万元。

### 三 呼吁"实施姚江东排工程"

从 2008 年起，为解决余姚洪灾频发的问题，我每年在宁波市人代会上呼吁尽早"实施姚江东排工程"，有关部门答复都是"将在今后的论证中综合考虑"。

2013 年 10 月上旬，受"菲特"台风的影响，余姚遭受新中国成立以来最严重的水灾，70% 以上城区受淹，大部分住宅小区底层进水。2014 年人代会上，我强烈要求"开通姚江二通道"，讲到激动之时我还站了起来，拿着随身携带的地图向与会领导和代表展示工程的位置。宁波市审计局局长、曾任余姚市委副书记的张爱琴说："我对余姚的情况很熟悉，老奕代表讲的句句是真理！"

2015年7月11日,"灿鸿"台风光顾,余姚面临再次受淹的危险。仅过17天,时任浙江省委书记的夏宝龙到余姚现场办公,说出了暖人肺腑的话:"要让余姚不再受淹。"接着宣布姚江流域防洪治涝一揽子规划,包括我呼吁多年的"姚江东排工程",一锤夺定,显示了这位省委书记统揽全局、协调各方、敢于担当的勇气与魄力。

◆ 在宁波市人代会上向市委书记介绍工程位置(2014)

### 四 呼吁"跨海铁路必须经过余姚北站"

2015年底,《宁波晚报》刊登"沪甬跨杭州湾铁路"线路图,但是没有经过余姚高铁北站,这是事关余姚被"边缘化"的大事。

我在2016年宁波市人代会上提交了建议,2月23日在余姚代表团作了"跨海高铁、志在必得"的发言,如果这条高铁不经过余姚北站,余姚将被留在"上海1小时交通圈"之外;为了强化发言效果,感动在场领导,我即兴站起来向全场人员鞠躬,这个举动出乎大家的意料,引起了热烈的掌声,这一幕被在场的香港凤凰网记者捕捉了下来,即在网上作了报道。2月24日中午,网上出现了由余姚电视台记者鲁旭安转发的凤凰网报道:

市人大代表奕永庆鞠躬请命呼吁

沪甬跨海高铁设立余姚站点

"我希望沪甬跨海高铁能在余姚设立站点,希望在坐的有关部门领导能够重视。"话语刚落,他便快速起身,向在场的人大代表和列席代表鞠躬致敬。顿时,全场响起热烈的掌声。

"这一幕,是宁波市人大代表奕永庆在出席今年的宁波'两会'发言结束时的场景。"

"值得关注的是,与其他代表委员发言时的'中规中矩'不同,奕永庆'两会'发言可谓句句铿锵有力,与他儒雅的气质形成了反差。事实上奕永庆今年已经65岁,他并非是来自城建或规划部门的人大代表,而是余姚市水利局的教授级高工。"

这则报道在网上可谓"一石激起千层浪",现摘录部分点赞:

"奕工,你好,余姚人民感谢您,您向他们鞠躬致谢,我们向您鞠躬了,这个代表民意的提案,一定能得到全民的支持和赞赏。"

"为民请命,为民呼与鼓,赞一个!"

"为奕永庆代表该发声时就发声点赞!"

"人民代表为人民,为奕总工为余姚人民说真话点赞!"

"为奕总工点赞,为余姚请命,我们需要这样的代表。"

"奕老师是我们学生的骄傲!"

"我把新闻发给同学看,都为你高兴,同学们的称赞都是发自内心的,你也一定高兴吧!"

"真正的人民代表,说出余姚人民的心声,支持!"

"这是你对余姚人民的关心和热爱,因为我也是余姚人。"

"今天微信朋友圈全是你的议案,余姚全市人民在感谢你,你是我们的榜样,更是全市人民的榜样。"

"人民代表为人民,掷地有声争高铁,方便百姓促经济,余姚腾飞在今朝,希望能成功。"

"这个机会余姚一定要争取,考虑到前途,没有钱可以发余姚当地债券,作为余姚人,我愿意买。"

**25日宁波市铁路建设指挥部答复:**"……2016年媒体上提到的是

专家咨询会上提出的一个方案,并不排除余姚北站接轨的方案。"

2016年2月25日晚,在人代会驻地——宁波豪京大酒店28楼,我邀7位在甬同学聚会,在网上最热闹的日子,也是在我19年宁波人大代表生涯即将结束之际,与50年前的同学重逢也特别有纪念意义!

◆ 人代会期间与在宁波的同学留影(2016)

2018年我邀请初中同学到被誉为"第二庐山"的余姚四明山旅游,身临其境感受"四明八百里、物华甲东南""会当凌绝顶,一览众山小"的气势。

2020年现居杭州的同学邀请大家相聚省城漫步人间仙境,参观G20会址,可谓"夕阳无限好,人间重晚晴。"

◆ 初中同学相聚四明山(2018.5)　　◆ 初中同学相会于西子湖畔(2019.4)

# 第十二章　喷滴灌设计

参加水利工作之初,老股长告诉我,"凡是新的东西我们总要试一试"。他们的工作与我们国家同步,从 1975 年开始推广喷灌技术,成为当时全国的先进。我一参加工作就跟随老同志安装喷灌,他们实干加创新的作风影响了我,并从此我与喷滴灌结了缘。

但从 1985 年以后的十多年间,喷灌没有新的发展,浙江和南方各省也是一样的。而我了解到当时的美国、苏联的喷灌占总灌溉面积的 50% 以上,以色列滴灌占总灌溉面积的 95% 以上,东欧的波兰恰在这期间实现了全国的"喷灌化"。这么先进的技术我国为什么推广不快?我调查的结果主要是造价太高阻碍了这项新技术的推广。

我从 2000 年开始研究降低喷滴灌工程造价,并形成了"经济型喷滴灌"技术,提高了效益,而且省政府领导多次来余姚考察,并在余姚召开现场会,二次发

◆ 指导大棚雨水滴灌(2001)

出推广文件，使这项技术成为余姚以至浙江的一大亮点。

## 一 自学三门新学科

20世纪90年代，我自学了三门新学科，内容很丰富，但我"任凭弱水三千，独取一瓢"，把其中的理念融入思维，催生了创新的灵感。

《发明创造指南》 最基本的创新理念是"简单的往往是先进的"，只有简单、才能降低成本；只有去掉多余的，留下的才是精彩的；每减少一个环节，就能减少一个出错的机会；纵然原理复杂，操作一定要简单，就如日本的智能照相机，操作很简单，其广告词更简洁：

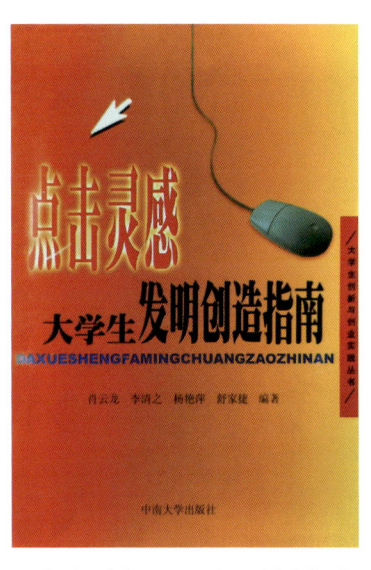

◆ 新学科之一 · 发明创造指南

"你只要按一下！"

《技术经济学》 这是一门让学技术的人懂经济，搞设计的人会核算成本的学科。它要求在造价设定的范围之内设计，力求技术先进；其核心，是在保证设计产品功能的前提下，追求成本最省，或在同样的成本下功能最大；其目标，是在技术先进前提下的经济合理，在经济合理基础上的技术先进，是技术先进性和经济合理性的有机结合。

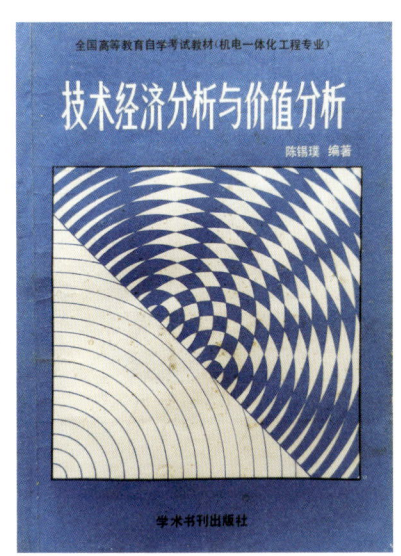

◆ 新学科之二 · 技术经济学

· 93 ·

# 用奋斗托举梦想

◆ 新学科之三 · 现代设计方法

**《现化设计方法》** 传统设计理念是"越安全越好""安全一点不会错",而优化设计是伴随航空器设计的需要发展起来的,即"满应力设计准则""让飞机强度恰到好处"。这是对传统设计理念的扬弃,是一种全新的设计思想,即每一种材料、每一种部件应达到它的容许限值,也就是说"够安全就好、过度安全就是浪费"。

此外,我还剖析了两个著名的"案例",坚定了我创新的信心。

**寿光冬暖大棚** 20世纪80年代,我国不少地方从荷兰、西班牙引进玻璃温室,包括自动化喷滴灌设施,每亩造价数十万元,但没有一处能赢利,成为盲目引进的反面教材。与之相反,山东寿光市三元朱村的党支部书记王乐义,集中农民的智慧,发明了利用太阳能的"冬暖式蔬菜大棚",造价低廉且不用烧煤,受到农户欢迎,使寿光一举成为"中国蔬菜之乡",在中国北方引发了一场蔬菜种植的"白色革命",使亿万农民走上致富奔小康的道路,并结束了北方人冬天只吃大白菜的历史。这是"只有经济型、才有

◆ 冬暖式蔬菜大棚之父——王乐义(引自百度)

生命力"的典型。王乐义由此被评为全国劳动模范,最美奋斗者。

**AK-47步枪** 俄罗斯AK-47步枪是1947年式的自动步枪,由原苏联枪械师卡拉什尼科夫于1947年发明。这种步枪"结构简单、故障

# 第十二章 喷滴灌设计

率低",是苏联军队首先装备的武器,还被全世界50多个国家军队所选用,也是我国54式、56式冲锋枪设计的雏形。卡拉什尼科夫被誉为"世界枪王",他经历了从斯大林到普京等多届政权的更迭,以及国家制度的剧变,但人们

◆ "世界枪王"卡拉日尼科夫(引自百度)

都没有忘记他:两度荣获"社会主义劳动英雄"称号,叶利钦授予他少将军衔,普京授其中将军衔,并在他2013年去世时为他扶柩"送行",一介平民荣耀之极,成为跨时代的英雄,他的著作之一的书名就是《一切皆需简单》!

## 二 "十年磨一剑"

经济型喷滴灌,是《创造学》《技术经济学》《优化设计》三门新学科在喷滴灌设计中的应用,真是"十年磨一剑"的结果,可总结为"八化",除了工作创新中已介绍的"过滤泵前化""施肥简约化"以外,这里再介绍"二化"。

**单元小型化** 这是指每座泵站控制的灌溉面积要适当减小。喷滴灌造价中管道占50%以上,管道的成本与灌溉单元的面积成正比,灌溉单元小,就抓住了降低管道成本这个"主要矛盾"。当然不是越小越好,经过综合分析、优化计算,得出合理的灌溉单元为150亩左右,这是优化设计的核心,是降低造价的基础。

**流量微小化** 这就是单位时间内的"降雨量"要小,这样有两个好

处：一是避免表土板结，水和肥料慢慢渗入土壤，使作物根部既有水分、养分，又有氧气，这是最适宜作物生长的环境，属于最科学的灌溉；二是可以减小管道直径和长度，减少电磁阀使用数量，节约材料成本，降低工程造价，但可以增加同时灌溉的面积，所以并不会延长灌水时间。

我的日记中记录了2003年7月28日一天到6个乡镇送喷灌设计的行踪。

2004年10月，《中国水利报》以"余姚农民为何热衷喷滴灌？"为题，对这项技术作了整版报道。

2008—2014年，浙江省水利厅共举办喷滴灌培训班32期、宁波市农业科学研究院举办6期，共培训5 074人次，每一期都由我讲课，浙江每个市、县、区水利局，每个乡镇都有经过培训的水利工程师和农业大户。

2010年2月，在余姚市劳动模范新春座谈会上，一位市领导评价："特别是奕工的喷滴灌技术，茅临生副省长来了好几次，为一项具体技术这样重视，在全省也不多。他现在不但在余姚推广，而且还多次到省里讲课，为节水型社会建设作出了贡献，更重要的是推进农业文明，解决了农民靠天吃饭的问题，用现代技术应对自然灾害，意义非常重大。"

◆《中国水利报》专版（2004）

## 三 "处于国际领先水平"

多位院士、专家评价经济型喷滴灌技术"处于国际领先水平"。

"把生态农业、节水农业、绿色农业、效益农业、现代农业有机结合在一起，这方面的成功探索和实践在国内并不多见。"

——水利部司长、教授级高级工程师冯广志（2004）

"浙江喷灌发展停滞了15年，关键是降低造价，余姚为我们提供了一个典型。"

——浙江省农村水利局局长、教授级高工蒋屏（2008）

"该研究成果总体上达到了国际先进水平，其中经济型喷滴灌技术和水稻节水灌溉技术已处于国际领先水平。"

——中国工程院院士、武汉大学教授茆智；中国水利水电科学研究院水资源研究所所长王浩（2009）

"作者的可贵之处还在于开拓了新的应用领域，不仅把喷灌应用到竹山、杨梅、板栗、红枫、果桑、樱桃，而且把微喷灌用于畜禽场降温和防疫，这是国内外首创，多年的实际应用表明，其经济效益、生态效益十分显著。"

——中国工程院院士、武汉大学教授茆智（2009）

"本项目在开发、示范与推广应用喷滴灌技术方面总体上达到国际先进水平，其中微喷灌在畜禽场的应用方面居于国际领先地位。"

——中国工程院院士、武汉大学教授茆智（2012）

"综上所述，经济型喷滴灌已处于国际领先水平。"

——中国工程院院士、中国水利水电科学研究院教授级高工王浩（2012）

"该项成果在理论和方法以及应用模式上均富有创新，示范推广面积大，效益显著，总体居于国际先进水平。"

——中国工程院院士、中国农业大学教授康绍忠（2012）

"与国内外同类科技研发相比，该成果在降低喷滴灌成本、经济高效、应用简约化以及雨水资源化利用等多个技术开发与示范工程方面居于国际领先行列。"

——中国科学院院士、中国科学院地理科学与资源研究所研究员刘昌明（2012）

## 四 "使余姚之花开满浙江、开遍全国"

**副省长两次考察** 2008年8月7日，即北京奥运会开幕的前一天，时任副省长茅临生专程来余姚考察千亩梨园喷灌、葡萄滴灌和兔场微喷灌，然后召开座谈会，我记录了他的讲话中最重要的两句：

◆ 陪时任副省长茅临生考察葡萄滴灌（2008）

"余姚走出了一条把国外先进的喷滴灌技术与浙江农业相结合的成功道路，这与当年把马克思主义与中国实际结合起来相类似。"

"经济型喷滴灌是转变我省农业增长方式的重要切入点，是农业增效、农民增收的好技术。"

同年12月4日，时任副省长茅临生再次来余姚考察喷灌，看了猪场微喷灌和蔬菜喷灌，并观看了余姚市拍摄的《经济型喷滴灌》专题片，我记录了他当时的讲话：

"经济型喷滴灌技术有了重要突破，奕永庆同志起了重要作用，而且长期坚持下来了。经济型喷滴灌是国外喷滴灌技术的中国化、余姚化。一是靠有人热情试验研究；二是有个良好的环境，个人的作用发挥出来了。"

"今天收获很大，希望余姚能支持在全省推广，要创新推广的工作机制，使'余姚之花'开满浙江、开遍全国，走出一条具有浙江特色的农业现代化发展之路。"

2009年4月，省政府在余姚召开设施农业现场会。同年9月，省政府发出"关于大力发展设施农业的意见"，水利厅领导说："是你的工作推动了全省喷滴灌技术的推广。"

◆ 省政府现场会（2009）

**又一位副省长批示** 2014年5月7日，时任副省长黄旭明来余姚考察农业，他听了蔬菜大户、果园主人介绍喷灌效益后，发出了感叹："没想到余姚的喷滴灌搞得这么好！"我即向这位新领导寄去了总结材料，不久这位黄副省长在我送的材料上批示：

"节水是最终解决水资源紧缺的根本办法，意义无比重大。奕永庆同志这些办法易学、实用，见效显著。请水利厅和农业厅研究推广的目标和方法。"

## 用奋斗托举梦想

**时任省长李强批示** 水利厅抓住机遇，落实专人，历时两个月形成了一万多字的"关于浙江发展节水灌溉的思考与建议"报告，其中由我提供大量的"第一手材料"，8月下旬由水利厅厅长署名呈送时任省长李强，几天后李强省长在建议上作了228个字的批示，其中有：

"发展节水灌溉是大势所趋，更是浙江所需。各涉农部门要高度重视，……要充分利用喷微灌、管灌等技术，做到精准灌溉，节约用水，打造具有浙江特色的节水农业、节水林业。"

2015年1月9日，浙江省政府印发第二个关于推广喷滴灌的文件，计划"十三五"期间新发展喷滴灌300万亩。时隔五年，浙江省再次掀起推广喷滴灌的热潮，我为能在全省推广这项技术起到积极的推动作用而自豪。

在推广喷滴灌的15年间，先后有海内外153批、2 500多位领导、专家、学生前来参观考察。到2018年，浙江新建喷滴灌面积230万亩，在全国南方各省区占耕地比例最高，已建工程每年可为农民增收23亿元，节水16个西湖，我想这是我人生价值的体现。

### 五 "典型的体力透支"

2010年8月，我连续多日白天下乡、晚上写材料，终于病倒了，住进了余姚人民医院，直到第17天还是高烧不退，不得已转到了上海长海医院。那里采用"排除法"，排除了伤寒、肝炎，也排除了癌症，最后诊断为胸膜炎，医生说这是典型的由"体力透支"引起的，于是服用常规的"异烟肼""利福平"，便不几天就药到病除。

在上海住院期间，余姚水利局领导联系《余姚日报》、余姚电视台记者到病房采访我，这让医生和护士诧异，说"从未见到过记者扛着摄像机到病房里来采访的"！我的同事、亲友听说我转到上海去了，都

第十二章　喷滴灌设计

心照不宣，猜测我患了绝症，传说肯定比实情厉害得多，这很有些像台风，"中心相对平静，外围狂风骤雨"！直至五年、十年后，遇见那些亲友，似乎还欲言又止，小心翼翼地寒暄："现在身体可好？"可想当年是怎样唏嘘。

◆ 到上海医院采访的报道（2010）

在这次住院前，我没有得过大病，以为生病与我无关，经过这次"与死神擦肩而过"，才觉悟"没有健康这个1、其余都归0"，从此我坚持在晚上10点半以前睡觉，每天休息提前了1个多小时。

## 六　"你真是干了一件大事"

我推广的情况在媒体报道后，受到不少同学、亲戚和朋友的鼓励和点赞。2007年大年初一，我在局里值班，接了3个电话，而且都是以前从未有这联系的亲戚朋友，让我深感意外。

第一个电话来自杭州，是大学同级的一位女同学，在校期间并没有什么联系，毕业后也未曾谋面。她从浙江电视台看到对我的报道，就从我班同学处问到了电话号码，特地表达了"你是我最敬仰的同学，茫茫人海，感谢美好遇见，以你为荣，为你骄傲"的意思。

第二个电话来自上海，是一位未曾见过面的远房堂叔，他从中央

## 用奋斗托举梦想

电视台看到对我的报道，就打电话向绍兴二伯父核实，是否我们本家的后代？得到了证实后，问了号码就给我打电话，说了诸如"为奕家争光了"之类的话。2019年9月，这位堂叔听说我获得了"庆祝中华人民共和国成立70周年"纪念章，特写诗祝贺。

第三个电话来自余姚市农村，是我小学高年级的班主任，虽说在本市，但毕业后40多年未曾见过，他常在余姚媒体上看到与我有关的新闻，不知是怎样问到了手机号码，向我表达了"为有你这样的学生感到骄傲"，不久后我去看望了这位老师。

更有同学、朋友在微信中表达赞美，给我鼓励：

"你用一生，包揽了从创新设计到推广、再到不断总结提高，使让人望而生畏、高不可攀的现代技术，从书本中解放出来，变成通俗易懂的手中武器，为"三农"发展、农民致富开辟了一条新路，作出了突出的贡献，令人惊叹、信服、感动。"

"喷灌有意思，像快枪射向天空，又似轻纱般地飘起来向四周扩散，缭绕的雾气带着闪烁的迷离，轻轻地落在干渴的土地上，让庄稼沐浴在尽情的欢乐中，让人真切地体会到了'久旱逢甘霖'的意境"

"听了你的讲话，你推广的技巧比技术本身更有技术。'酒香也要吆三吆'，你的成果是从实践中来、到实践中去，让农民实用，深受农民欢迎的技术成果，必将推而广之。"

"'比喷滴灌再好的东西没有了！'农户们对你的技术创新赞不绝口。看了书才知道喷滴灌的应用范围之广，农林牧业均可受益，且效益显著，怪不得那么受农民欢迎喜爱，你真是干了一件大好事。"

"衷心祝贺你！我的好同学，你的成果在全省推广，这是多么大的贡献，'十年磨一剑'，开花结硕果，真为你高兴！为你骄傲！"

"喷灌似人间神雾、又似画家泼墨，使田野变成美景、绘就了一幅幅丹青画。喷灌喷出新天地，智慧与勤奋的结晶！"

## 七　农户介绍效益

这里记录我对几个农户推广效益的回访。

**德氏家茶园喷灌**　面积500亩，专业生产高档茶叶。2001年安装喷灌，每年春天用于除霜、秋天用于抗旱，亩均净增收3 600元。户主王容芬说"如没有这喷灌，阿拉老早推过啦！"，这"推过"二字的含义"唯心会而难以言表"。

◆ 主人向记者介绍喷灌效益（2014）

◆ 工厂化育秧微喷灌（2012）

**康绿公司蔬菜喷灌**　工厂化育秧大棚83亩。2012年安装微喷灌，每年秋季培育西蓝花菜秧5～6茬，每天喷水4～6次，秧苗长得快、质量好，供应周边农户3万多亩，每年总产值在1 000万元左右，亩产值12.5万元，净增收2.5万元。户主秦伟杰说："喷灌比下雨好，现代农业一定要装喷滴灌。"

**百果园蓝莓滴灌**　2012年安装蓝莓滴灌，面积100亩。蓝莓为不定根，又称假根，没有主根、只有很细的须根，分布极浅，对水分特别敏感，土壤表层10厘米缺水时就得灌水，如土层20厘米缺水，则会遇旱枯萎。户主汪国武介绍"蓝莓如

◆ 汪国武接受记者采访（2015）

## 用奋斗托举梦想

果不装喷灌，三年中盛产一年、半收一年、无收一年。"蓝莓亩产值4万元，滴灌贡献率40%，亩均增收1.6万元。

**绿洲农庄草莓滴灌** 有大棚草莓22亩。2009年安装滴灌，每年9月移栽后的二十多天中隔天灌一次水，此后施追肥4～5次，共灌水施肥15次左右。户主蒋伟立多次介绍："每亩增产500斤是保守的，其实还不止""每亩效益5 000～10 000元，成本忽略不计！"

◆ "每亩增产500斤是保守的"（2012）

**四联果园猕猴桃微喷灌** 有60亩猕猴桃。2010年装上喷灌，年均洒水40次，提供湿润小气候，亩产量达到5 000斤，产值2.5万元。其中喷灌贡献率为30%～50%，亩均减灾增收8 500元。户主陈钧魁是种猕猴桃的能手，他对前来取经的人说"我们这个地方

◆ 陈钧魁向记者介绍效益（2015）

如果不装喷灌，猕猴桃是不能种的！"

**奥农牧场微喷灌** 2012年建鸭场5万多平方米，同年安装微喷灌设施。该场养殖野鸭，销往广州，存栏5万羽，夏季用于喷水降温，全年用于喷药消毒，年均减少鸭子死亡4 000羽，增收

◆ 主人向记者介绍效益（2012）

36万元,高温季节还节约饲料10万元,全年节省劳力成本6万元,户主沈彩仙说"微喷灌是我们的宝贝!"

**逸然猪场微喷灌** 2010年建成连栋大棚式猪舍1.7万平方米,年存栏猪5 000头。常年用喷灌喷药消毒,平时1~2次/周,全年约100次;热天喷水降温,4~6次/日,共喷水约400次。能够节省饲料、药费、劳力,以及减少死亡等,微喷灌设施对这个猪场的年效益为45.6万元。总经理吴劲松说:"喷灌这样好的东西,政府不补助我们也要装。"

◆ 猪场微喷灌(2012)

**健鹤石斛基地微喷灌** 基质栽培大棚石斛60亩。2012年建场,同年安装微喷灌,春季每天喷1次,夏季每天2次,秋季每天1次,冬季不喷,全年喷水360次,每次喷15分钟左右。从第三年开始采收石斛鲜枝,平均每亩300斤,每斤300元,亩产值9万元。2021年基地扩大至1 250亩,且是露天栽培,"嫁接"到梨树上,在梨树上安装微喷灌,让石斛含有梨树的基因、梨的甜味,同年成立"浙江健久鹤药业集团有限公司",开展鲜石斛的深加工。

◆ 大棚石斛微喷灌(2021)

## 八 "大众喷滴灌"丛书

2009—2018年的10年间,我出版了5本节水灌溉著作,而且技术成果获得浙江省水利科技创新奖一等奖(两次)和宁波市科技进步奖一等奖。

20世纪30年代,哲学家艾思奇写了一本宣传马克思主义哲学的通俗著作《大众哲学》,毛主席为此评价:"让哲学从哲学家的课堂和书本中解放出来,变为群众手里尖锐的武器。"受此启发,我想"要把喷滴灌从工程师的手册中解放出来,变为农民增收的实用技术。"2008年我拟订了"大众喷滴灌"丛书写作计划,并对之进行了付诸实施。

《经济型喷微灌》 这本书侧重于"设计",读者对象为水利设计工程师,由茆智院士和茅临生副省长作序,2009年由中国水利水电出版社出版。该书被中央宣传部、教育部、农业农村部选入全国"农家书屋"目录,2011年两次重印,发行量达2.4万册,进入我国水利图书最高发行量行列。

◆ 第1本·设计(2009)

《经济型喷滴灌技术100问》 这本书定位于"科普",读者对象为农村干部、农艺师、农业大户(农民),由茅临生副省长作序,2011年由浙江科技出版社出版。这一本书是浙江出版集团鼎力打造

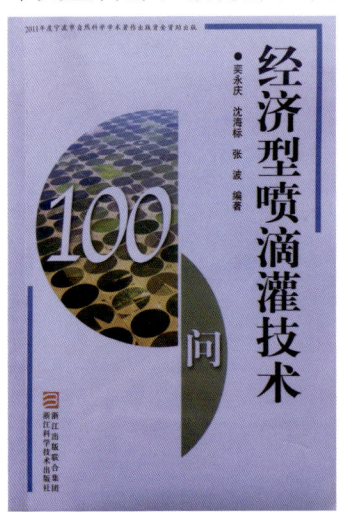

◆ 第2本·科普(2011)

## 第十二章　喷滴灌设计

的，目标是列入"农家书屋"目录，可是按有关规定同一题材的书籍只能入选一次，故这一本落选了。2017 年市场上已断货，湖南省水利厅扫描以后复印的就是这一本书，可见受欢迎的程度。

以上两本书均成为浙江省水利系统的培训教材。

《喷滴灌效益 100 例》 这本书的定位是"推广"，总结浙江十五年来的推广历程，以第一人称记录了 76 位农户、100 例效益访谈的内容。读者对象为分管农业的领导、农技人员、新型农业经营主体带头人和广大农户。本书由茚智教授和时任省水利厅厅长的陈龙作序，2015 年底由黄河水利出版社出版。

2019 年江苏省水利厅有个年轻干

◆ 第 3 本·推广（2015）

部打电话告诉我，他买了这本书，看后很感兴趣，把书中 100 例效益摘录制成一张表格，并把这张表发给我。竟有人这么舍得花时间读这本书，他的执着让我感动！

《喷滴灌优化设计》 这本书的出版是计划外的。2015 年 11 月底，水利部农水司王爱国司长、国家灌溉排水发展中心主任李仰斌，在杭州主持召开"全国节水灌溉工作会议"，让各省代表到浙江学习经济

◆ 第 4 本·设计（2018）

型喷滴灌，把成本降至每亩1 500元以内，我作了典型发言，会后两位领导当夜到余姚听取汇报，第二天实地考察了喷灌工程。

在考察中他们指出，经济型喷滴灌把造价降低了，且完全符合国家标准，并提出要我写一本"喷滴灌标准设计图集"，但"经济型"三个字容易使人误解为"价低质次"，因此今后不要讲经济型，而改称"标准设计"，这对我是很大的信任和鼓励。我踌躇良久，说"标准设计"要求太严格，就称"优化设计"吧。退休后经两年多的打磨，2018年底由中国水利水电出版社出版，终于完成了这项任务。

◆第5本·综合（2014）

**《余姚市节水型社会建设实践》** 这是我的另一项工作——"节水型社会建设"的总结。余姚早从1990年起就开始了农业节水工作，2008年一位水利部领导到余姚，认为节水灌溉搞得很好，第二年余姚被列为"全国节水型社会建设试点"，这项工作由我负责，2013年底通过水利部组织的验收，结论为"圆满完成"，这是验收标准中的最高评价。这本书的内容包括：法规节水、农业节水、工业节水、生活节水等几方面，既是节水型社会建设的全面总结，也是各项农业节水措施的系统梳理，其中水稻薄露灌溉和喷滴灌是特色、是亮点，2014年由黄河水利出版社出版。

多年来，我总想写一本灌溉设备的书为此心心念念、欲罢不能。2021—2023年间终于写成《节水灌溉设备选型》，书中介绍了常见的节

第十二章　喷滴灌设计

水灌溉材料和设备的性能特点，介绍了24个节水灌溉工程案例，还介绍了我所了解的国内有代表性的50家灌溉企业，可供新型农业主体带头人、灌溉设计和工程施工的工程师使用，可供灌溉企业了解上下游产品，还可供农业、水利专业的教师和学生参考。该书由中国农业科学技术出版社于2024年3月出版，终于实现了我的夙愿。

**获奖**　我领衔的"经济型喷滴灌技术研究与推广"这一成果

◆ 第6本·设备（2024）

获得了2013年"宁波市科学技术奖一等奖"，说来这次评奖还很有点意思。宁波市政府评选科学技术奖有个"硬核"规定，无论是"背靠背"的网上打分，还是"面对面"的质询答辩，一律聘请市外专家。那年申报的80个项目，经过"网评"加"面试"，我的项目脱颖而出，综合得分位居第二、获得一等奖，刷新了宁波市水利行业和余姚市农业系统获奖的历史纪录。

此外，喷滴灌技术研究和推

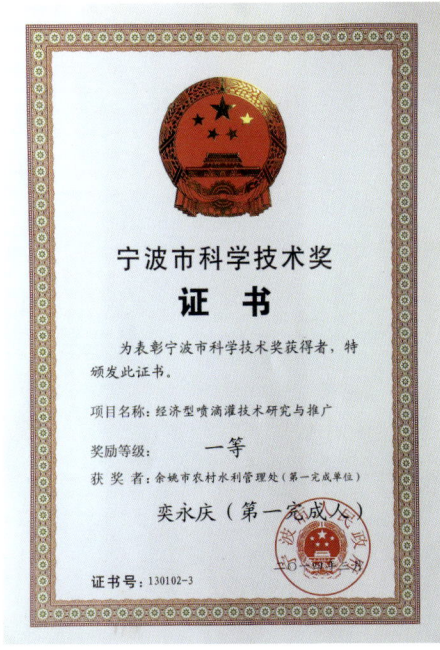

◆ 获奖证书

·109·

广成果,还分别在 2006 年、2015 年两次获得"省水利厅科技创新奖一等奖",同一个项目,相隔十年、两次获一等奖,也成了我省水利系统的新闻。

# 第十三章　收获季节

从 1982 年参加水利工作，前 10 年中没获得什么奖，大概还属于积累与"孕育"时期。1992 年开始获省水利厅和余姚市政府的先进个人奖，1995 年有了第一个"省部级"奖，为盖有国家科委、人事部、农业部等六个部委大红印

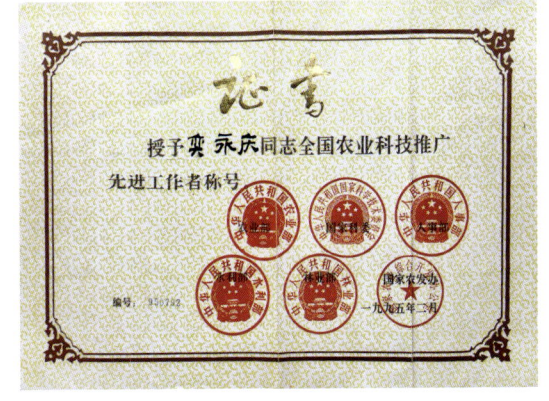

◆ 第一个"省部级奖"（1995）

章的"全国农业科技推广先进工作者称号"的奖项。此后至退休的 20 年中，每年都有获奖，主要荣誉 30 多项，其中"余姚市有突出贡献专家"评了 3 次，2006 年最后一次获奖金 10 万元。2007 年评上了"宁波市有突出贡献专家"，同年还被评为"创新余姚杰出人才"，当时的"获奖感言"是："农业、农村是广阔天地，我将珍惜荣誉，继续创新，为建设新农村、增加农民收入作出新贡献！"因为荣誉从集体而来，所以奖金大部分用于买纪念品，还包过两场电影与同事们分享，以表达

## 用奋斗托举梦想

◆ 余姚市有突出贡献专家（2006）

感恩之情。

我60岁以前的最高荣誉是"浙江省劳动模范"，而在60岁后延长工作的5年中，先后获得了"国务院特殊津贴专家""国际节水技术奖""全国劳动模范"等三项"国字号"荣誉，由此想到人生的秋天也是"收获的季节"，并感慨"人在做、天在看""天道酬勤"，社会总体上是公平的。一位好友勉励我："如果说，当初的沉默只是智慧的萌芽，那么如今的成果则是一生努力的结晶。今天的明媚阳光，是昨天风雨后的一道亮丽彩虹！是啊，上苍如此厚爱努力一生的人！"颁奖时一般都是播放"喜洋洋"这首乐曲，我对这首乐曲有特殊情结，以至于一听到"喜洋洋"这首乐曲就有"条件反射"——每想起获奖的荣耀，就鞭策自己一定要做到"名副其实"。

## 一 浙江省劳动模范

2004年是个"丰收年"，4月评上宁波市劳动模范，且名列当年表彰的43位劳动模范之首，宁波市委、市政府的文件中冠名为"奕永庆等……"，奖章及证书编号均为1号。

同年又被评为浙江省劳动模范，9月30日在省人民大会堂接受表彰，拍合照时我作为宁波市的代表，被点名站到前排中间位置，站在省委、省政府领导后面，于是有了一张与习近平同志近距离的合照。习近平等领导与我们第一排的每一位劳动模范都握了手，记者不停地按动快门。

2014年5月,《浙江工人日报》刊登了10年前习近平与来自衢州化工厂的外籍劳动模范"——俄罗斯籍专家"老西"握手的照片,我感到很亲切,因为当时我与"老西"仅隔奥运冠军朱启南等

◆ 余姚四位省劳模合影(本人右二)

两位劳动模范,应该也有习近平与我握手的照片,我马上与记者联系,记者找遍了当年的"底片",遗憾地告诉我,当时确实来不及把每个人都拍下来,我与他开玩笑说:"如果能找到这张照片,我对后代也能有个交代呀"!

## 二 国务院政府特殊津贴专家

1990年,党中央、国务院决定对作出突出贡献的专家、学者、技术人员发放政府津贴,称为国务院政府特殊津贴专家,每两年选拔一次。这是一项代表专家水平和贡献的重要荣誉,选拔资历标准:必须具有高级专业技术职务,必须具备两院院士或在生产一线、自然科学、工程技术、社会科学、金融、法律、教育、卫生、文艺、新闻、体育等领域之一作出突出贡献。

我是2012年由余姚市、

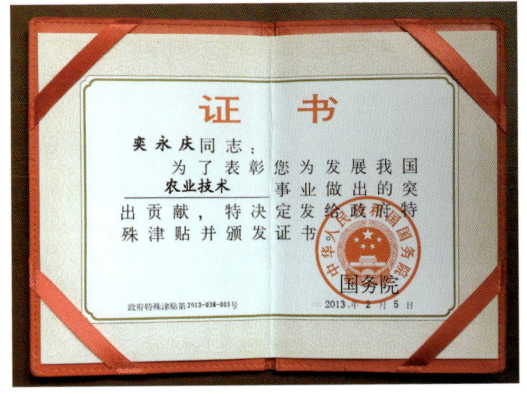

◆ 国务院政府特殊津贴专家证书(2012)

## 用奋斗托举梦想

宁波市两级政府推荐，2013年初在温家宝总理最后一次"国务院常务会议"上批准的。此前余姚市政府分别于2008年、2010年推荐过两次，到第三次才成功，是余姚进入21世纪以来的第一个，在这项荣誉设置的30余年中，余姚共有7位专家获此殊荣，我是第一个，且至今仍是唯一余姚出生的人，借一位名人的话说是"One handred percent of the made in Yuyao"（百分之一百余姚产）。

我属于院士以外的第一类："长期工作在工农业生产和科技推广第一线，有重大技术突破，推动了行业技术进步和地区经济发展，或在科技成果转化和技术推广中贡献突出，产生了显著的经济效益和社会效益，推动了行业技术进步和地区经济发展，并得到业内人士的认可。"这个荣誉是国家对我专业水平和突出贡献的认可，是多少钱都买不来的！

### 三 国际节水技术奖

◆ 国际节水奖证书（2013）

自1998年开始，国际灌溉排水委员会（简称ICID）设立了节水技术奖，全称为"ICID国际农业节水技术创新杰出成就奖"，每年在全球评选一人。经水利部推荐，2013年我获得了这项奖，此前我国已有3位专家获此殊荣：第一位是武汉大学教授、我的研究生导师茆智，2000年获奖，2003年当选中国工程院院士；第二位是中国农业大学康绍忠教授，2006年获奖，2011年当选中国工程院院士；第三位是河海大学彭世彰教授，2012年获此奖，也是院士的热门人选，不幸于第二年倒在工作岗位上，年仅54岁，英年早逝，由此不难想象大学骨干教师的工作压力。

我对彭世彰教授很有感情。1997年水利部决定由他领衔编写《水稻节水灌溉技术》，他分工让我撰写其中的"薄露灌溉技术"这一章，我向他寄送了书稿，但没有见过面。2000年前后，余姚组织乡镇水利员到河海大学接受培训，某日一位学员来电话说，给我们上课的彭世彰教授对你评价很高，说"你们余姚的奕永庆很厉害，我虽没有见过面，但看到过他写的材料。"此后我专程去河海大学与他见了面。2013年他对我申报ICID国际农业节水技术创新杰出成就奖给予热情鼓励，遗憾的是还没容我道谢，他便驾鹤西去。

前三位获得者都相隔6年，我是第四位，而我与彭世彰教授仅隔一年，而且水利部推荐我为唯一候选人出乎意料，国际灌溉排水委员会在全球"百里挑一"评上我，更让我喜出望外。因为前三位获得此奖都给此后的评上院士打下了基础，似乎这个奖成了农田水利领域申报院士的"必要条件"，余姚市一位市领导在电话中向我祝贺说："奕工啊，你可以申报院士了！"去水利部时，领导、专家纷纷向我祝贺，我则如实答谢："全国搞节水灌溉的大专家多的是，是你们把机会给了基层的我！"一位司长接过话茬："哎，这话有道理！"

**领事馆签证**　"评上了，祝贺你！"我的手机里还保存着2013年8月25日时任国际灌溉排水委员会主席高占义发给我的信息，他对我的了解主要是我的著作和申报材料。同年9月14日，我收到了国际灌溉排水委员会的书面通知，要我随出席会议的中国代表团去土耳其领奖。出国领奖，喜从天降！但我没有准备去，因牵涉到费用，可当我向领导汇报时水利局局长却说："现在对领导出国控制得很严，但你是专家可以去。"于是我快马加鞭办理出国手续，但到了最后一关"卡"住了：土耳其驻

## 用奋斗托举梦想

上海领事馆要求，签证须有由其国内有关部门主管"亲笔签名"的邀请函，可我收到的是电子件，让对方邮寄"邀请函"已来不及，眼看这个机会要失去，怎么办？"愚者千虑、偶有一得"，我从网上查到土耳其驻上海领事馆的领事是个女的，眼睛一亮："女士同情心强！"不如写封信给那位女领事要求"特事特办"，于是我9月26日中午把速写的"请求信"发往上海领事馆。果然下午4时左右一位女士来电话："你的信收到，我们领事被你打动了，同意破例给你签证，请你明天上午11点前到领事馆来取。"好消息来得突然，当晚准备出国行装，次日一早出发，多亏有了时速300公里的高铁，也幸亏领事馆离虹桥站和虹桥机场不远，我10点半赶到领事馆，无须任何语言，11点顺利拿到签证。还庆幸上海虹桥机场与高铁车站"无缝衔接"，我在赶往机场的出租车上打电话，让在北京的女儿为我订上海到北京的机票，而且我以最快速度奔赴机场，13点半起飞，不巧的是"急病偏遇慢郎中"，这个航班绕道黄海上空，飞了两个半小时，16点才降落首都机场，我直奔三号航站楼，终于赶上了队伍，与水利部领导和专家汇合，距登机时间不到一个小时。大家对我如此快的速度获得签证并赶上航班，纷纷表示祝贺，原来我是此奖设立以来中国第一位到现场领奖的获奖者，前三位都是由于签证原因未能成行。由此想到京剧《沙家浜》中一句台词："往往有这种情形，有利的情况和主动的恢复，产生于再坚持一下的努力之中。"

**土耳其领奖** 2013年9月27日到达土耳其最大城市伊斯坦布尔国际机场，一下飞机就收到我国驻土耳其大使馆发来的短信："有任何困

◆ 国庆节在土耳其领奖（2013）

难请与大使馆联系!"接着是联系电话和地址,这让我顿感温暖,有同志告诉我,已加入外国国籍者不再享有这项待遇。

国际灌溉排水委员会的颁奖仪式,不是安排在土耳其的首都安卡拉,而是在位于西北部、距离战火纷飞的叙利亚仅200公里的马丁市举行。颁奖仪式在10月1日下午举行,由国际灌溉排水委员会主席高占义、秘书长提亚吉和土耳其农业大臣为我颁奖,然后我用英语致获奖感言,在这庄严的奖坛上直抒胸臆。

尊敬的高占义主席、尊敬的各位副主席、女士们、先生们:

能获得这个奖是我巨大的荣幸。首先让我感谢国际灌溉排水委员会的每一位理事,由于您真诚的支持,我才有机会来到这

◆ 用英语致获奖感言(2013)

美丽的城市领取我心中的"诺贝尔奖";感谢来自世界各地的每位专家,是你们给了我结交朋友并分享你们宝贵知识和经验的机会。

我感谢中国国家灌溉排水委员会的每个成员,正是你们的信任和提名才给了我获得这项荣誉的机会;还要感谢浙江省和余姚市的同事,是你们的支持才使这项节水技术迅速推广,才使更多农民提高了收入。

感谢应用我技术的农民,是他们丰收的喜悦使我在前进的道路上充满了激情。事实上,这个奖应该属于对这项灌溉技术进行创新、推广和应用的每个人。

推广节水灌溉技术30年,我最重要的体会是:只有通过技术创新、降低成本,节水灌溉技术才能从工程师的手册中解放出来,并为农民所接受。

## 用奋斗托举梦想

谢谢大家,欢迎大家来我的家乡中国余姚!

当我讲到"我心中的'诺贝尔奖'"时,会场响起了热烈的掌声,显然是这个比喻使大家皆大欢喜!

一位朋友看了相关报道后也给我发来了感言:"读了农民的增收故事和你的获奖答谢词,才深深感到这确是发自肺腑的心声,没有一点虚假。勤劳朴实的农民创业精神是你创新的源泉和动力,也是立于不败之地的基石,真为你找到永恒的人生舞台并为之努力奋斗而感到骄傲!"

### 四 新农村建设带头人"金牛奖"

浙江省从2006年开始评选新农村建设带头人,简称"金牛奖",主旨为"表彰带头人、建设新农村",每年评选10人,主要对象是农村优秀党支部书记和农业大户。早在这一奖项设立的第一年,余姚市委宣传部就把我推荐上去了,经过多轮筛选我进了20人"提名奖",但却名落孙山。2014年,余姚市再次推荐我,说我的材料丰富,事迹突出,这次一定能评上。经过农民和专家分别投票,果然进入了前10名,摘得"金牛奖"。

◆ 省委宣传部部长压轴颁奖(2015)

2015年1月8日下午,在省电视台一号演播大厅举行颁奖活动的排演,我被安排在最后一个,就与主持人小强开玩笑:"怎么你们差点儿把我挤出去啦!"小强说:"不不不,因为你由葛部长颁奖,是压轴的!"在当晚的颁奖典礼上,我的奖由举办单位的最高领导,省委常委、宣传部部长葛慧君颁奖,我从她手中接过了大红色的证书和金光灿灿的"金牛"奖杯。在这个奖项评选的第九年,在

◆ 外甥杨劲松到颁奖现场祝贺(2015)

90名获奖者中,我是水利系统的第一人,同为颁奖嘉宾的副省长黄旭明与我握手祝贺时说:"你的喷滴灌技术我们要大力推广!"

## 五 全国劳动模范

2015年4月,我被评为全国劳动模范。在大家眼中,我在延迟退休的几年中,国家级荣誉接二连三,既是实至名归,又是鸿运高照。其实这项荣誉已是一波三折。

2004年4月,我被评为宁波市劳动模范,且在同批受表彰的43位劳动模范中名列第一,同年9月被评为浙江省劳动模范。2005年、2010年余姚市总工会推荐我为全国劳模候选人(5年一次),但都未评选上。

2015年又到了评全国劳动模范的年份,宁波市总工会推荐我为"科技人员"代表,经历并经宁波市委常委会讨论审定,终于水到渠成,获得全国劳动模范荣誉称号。

**申报过程** 2015年3月23日傍晚下班时分,余姚市总工会领导来电话,让我准备500字"事迹简介",次日我即小跑步送去。

3月25日,余姚市总工会通知我准备3 000字"事迹介绍",感觉

## 用奋斗托举梦想

似乎这次有希望了,第二天我又以最快的速度上交。

3月27日,我填写"全国劳动模范和全国先进工作者登记表"。

3月30日,盖上"中国共产党余姚市委员会"公章后,直接把登记表送到宁波市总工会。

事后余姚市总工会领导告诉我,当余姚市委分管领导向市委书记汇报时,刚说出我的姓名,还没有介绍主要材料,这位书记就连声说"好,好!"这让总工会领导有些纳闷:这位书记来余姚没几年,怎么对奕永庆这么了解?

4月4日,一位在余姚市人大工作的亲戚来电话向我道贺,说是在《浙江日报》看到了对我全国劳动模范的公示!

4月17日,《人民日报》上公示了"全国劳模和全国先进工作者候选人"3 000人名单。这里说明一下,1978年由邓小平正名,为社会主义服务的脑力劳动者是劳动人民的一部分,从此知识分子也可以评劳动模范,国家层面把工人农民等"体力劳动者"称为"全国劳动模范",而把来自机关事业单位、人民解放军、最高法院、最高检察院系统的脑力劳动者称为"全国先进工作者",钟南山、屠呦呦、陈薇都属于全国先进工作者,两种称谓所表示的身份不同,而不是等级的差异,所以在省、市、县三级则不分,我们赴北京前宁波市和浙江省分别发了绶带,都为"全国劳动模范"。

4月24—26日,余姚市、宁波市、浙江省三级领导分别举行欢送仪式;27日上午,浙江

◆《宁波日报》第一版(本人前排右二)(2015)

代表团乘坐"西子号"高铁赴京,团长是时任常务副省长的袁家军,这次浙江共评上123名,我是超过60岁的3名"老同志"之一。浙江省代表团住在"北京友谊宾馆",执行中央八项规定,没有气球标语、鲜花锦簇,也没铺大红地毯,但依然感到非常隆重。当晚颁发了劳动模范证书和奖章,证书上盖有中共中央和国务院两个大红印章,如此规格的荣誉还是我平生的第一次。我女儿和女婿到宾馆来看望我,一家两代人,同样感到兴奋与骄傲!

4月28日上午,宽敞、洁净的大巴车,一路绿灯,不到九点就把我们送到了人民大会堂东门外广场。来自全国各地的劳动模范利用会前间隙以大会堂为背景,抓紧时间拍照,因为不能带照相机,所以大家相互用手机拍照留念。万人大礼堂内也没有"装点",主席台前和台上没有布置鲜花,习近平总书记的讲台上也仅是清茶一杯。十时整表彰大会开始,我的坐位在二楼前排,视野开阔,亲眼目睹习近平总书记站着讲了40多分钟,亲耳聆听了习近平总书记的讲话:

"我们一定要在全社会大力弘扬劳模精神、劳动精神,大力宣传劳动模范和其他典型的先进事迹,引导广大群众树立辛勤劳动、诚实劳动、创造性劳动的理念,让劳动光荣、创造伟大成为铿锵的时代强音,让劳动最光荣、劳动最崇高、劳动最伟大、劳动最美丽蔚然成风……"。

这铿锵的时代强音,在万人大礼堂穹顶下回响,在我的心中激荡。散会时刻,我的手机"关键时刻掉链子"了

◆ 在人民大会堂留念(2015年4月28日)

## 用奋斗托举梦想

——没电了，此时看见刚才坐在我旁边的江苏的一位女劳动模范正在拍照，我为她拍了两张，然后让她用她的手机给我照了两张，"气昂昂肩披绶带，光灿灿胸佩奖章"，拍出了自信、拍出了自豪，拍出了扬眉吐气的精气神，是我最喜欢的照片之一。

◆《余姚日报》报道（2015）

29—30日，浙江省、宁波市两级政府分别举行欢迎和表彰活动，30日下午余姚市副市长郑桂春特地到余姚市水利局迎候，并特别说明是代表市委书记来的，至此表彰活动结束，历时整整一个星期。

5月15日，《余姚日报》第一版发表了整版报道"'节水状元'是怎样'炼'成的？"，此后又相继发表两篇"后续报道"，泗门镇有位姓杨的农民看到报道以后特地写信给报社，反映我对农户的帮助，结果记者又写了第三篇后续报道。这组报道采访对象之广泛、材料之丰富，使我深感意外、也让我感动，从而我也见证了一位优秀的资深记者是怎样敬业的。

亲人和朋友纷纷来信祝贺：

"如禾苗渴望雨露，似花儿渴望阳光，一位怀着渴望、揣着梦想的少年，意气风发地走进了新时代，努力学

◆劳模榜样任祖伊老师到余姚市水利局我办公室祝贺

习、奋发工作，忍着泪水、抹去汗水，坚忍不拔，百折不挠，一路踏实走来，足迹遍山谷、汗水润田野，在平凡的岗位上，奏响了不平凡的美丽乐章，在广阔的田野上绽放出夺目光彩，为农业为农民奉献了毕生精力，掌声鲜花随之而来，今日回首让人感慨无限！"

"你的人生足迹踏实丰富，虽艰苦、犹荣光，没有虚度一寸光阴，把生命全部贡献给了水利事业，是名副其实的专家功臣，是我心中的传奇，请接受我对你的敬佩！"

"政府及各级对你的贡献，给予肯定、赞扬、褒奖，提升了你的价值，使你的成果熠熠生辉，由衷为你高兴，为你幸福！"

2019年国庆前夕，我收到了"庆祝中华人民共和国成立70周年"纪念章，大喜过望，查阅了当年8月29日新华社通稿，才知我属于颁发纪念章的第二类对象："新中国成立后获得国家级表彰奖励健在的人"，深感这不仅是荣誉，更是责任、是鞭策，激励我珍惜荣誉，永远保持劳动模范的先进性。

◆ 中华人民共和国成立70周年纪念章（2019）

## 六 农业节水科技突出贡献奖

2019年中国农业节水和农村供水协会表彰新中国成立以来为节水灌溉作出卓越贡献的20位专家，都是我以前在报纸和杂志上经常看到、并且非常仰慕的名字，我也名列其中，获得了"农业节水科技突出贡

## 用奋斗托举梦想

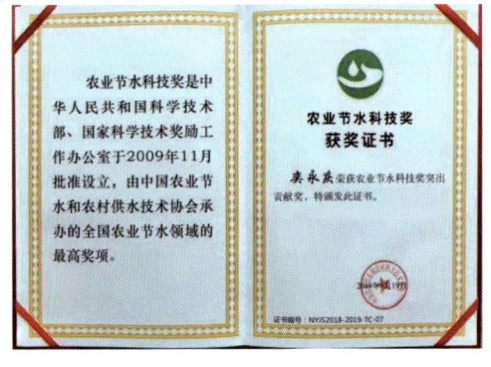

◆ 突出贡献奖证书（2019）

献奖"，这是对水利、农业行业专家工作的认可，让我些许意外、倍感荣幸。颁奖仪式于这年9月在长沙举行，这次会上我还获得一项科技一等奖，并作了"抓农业节水、保城乡供水"的报告，介绍我在基层一线的实践，在这次会议上我是"一举三得"。

◆ 全国节水灌溉会议（2019）

# 第十四章　黄金岁月

白岩松在一档节目中曾说：60～80岁是人生的黄金时代。

2016年7月1日，在延迟五年后我退休了，此前的每天我还在下乡，临近"下岗"我更珍惜这在岗的时间。朋友发来微信："今天灿烂的阳光，特意送一生为水利事业奋斗、直到退休前一天还在努力工作的你。"工作期间，各级政府给了我许多荣誉，想到雷锋的话"荣誉从集体来"，感恩的心情驱使我继续学习和工作。我夫人开玩笑说："早盼着退休可以帮助做家务，现在比上班还忙，再次失望了！"当然放缓了节奏，究竟健康是人生"可持续发展"的根本。

## 一　大学讲课

我到多所大学为水利专业学生讲课，一讲创新理论在农田水利实践中的应用，二讲"在希望的田野上实现人生梦想"。结合自身经历鼓励年轻学子爱水利、爱农民，为农业农村现代化贡献青春。

**浙江水利水电学院**　这是我的母校，毕业后我是回校最多的校友之一，学校四十周年、五十周年、六十周年、七十周年校庆，每次我

## 用奋斗托举梦想

都回去参加活动。2004 年被聘为客座教授，此后数十次为年轻校友、青年教师作技术讲座和励志报告。

2008 年 9 月，在母校开学典礼上为数千名新生作报告，我告诉大家："自信就能成功"，并用英语鼓励大家：We can not wait for the future, however we can build up the future!（我们不能等待将来，但是我们能创造未来！"）。

2023 年 10 月应母校安排，我在母校成立 70 周年庆典上作为校友代表发言，最后与全体校友共勉："决定人生的不是一次高考，不是有否考上名牌大学，而是一辈子坚持不懈的努力，读书很重要、

◆ 在母校建校 70 周年庆典上发言（2023.10）

"书到用时方恨少"，实践更重要，"绝知此时要躬行"，知行合一最重要，"知是行之始，行是知之成"，谁把理论与实践结合得好，谁就是成功者！"

◆ 母校建校 70 周年校庆主会场（2023.10）

**武汉大学** 位于武汉东湖之滨、珞珈山麓的武汉大学，是全国最美丽的大学之一，我在这里第一次参加国际会议，又是授予我硕士学

位的第二母校,我对之有着别样的感情。2008年我为水利水电学院的学生作了汇报演讲,以我的亲身经历说明学水利、搞水利同样能实现人生梦想、人生价值,学院网站对此报道:"校友奕永庆回母校为毕业生作励志报告",让我感到非常温馨。

◆ 在武汉大学与茆智、雷声隆老师合影(2001)

**河海大学** 这是我国培养水利工程师的最高学府,2005年聘请我为兼职教授,由时任副校长徐辉颁发聘书,多年来讲课十多次。2015年7月,我被评为全国劳动模范不到两个月,河海大学有个国际论坛要我去作报告,新任校长徐辉出席开幕式,拍合照时发现我的名字贴在他的右面。徐辉校长对我表示祝贺,并说学校老

◆ 与河海大学农业科学与工程学院领导和老师留影(2019.4)

师中原来只有吴中如院士是全国劳动模范,现在有了第二位,说我为学校争光了。

2019年4月,我收到了名为"依依海石"的微信:"您当年讲课让我毕生难忘",接着连点3个赞,"多功能经济型喷灌非常赞",又是3个"抱拳"。原来是农业科学与工程学院的陈丹老师发来的,他约我为学生讲课,当月下旬我为该院新生作了励志报告,还为高年级本科生

# 用奋斗托举梦想

◆ 河海大学国际会议（本人前排右六）（南京·2015）

和研究生作了技术讲座。

**中国农业大学** 2016年在石家庄会议上认识了时任中国农业大学水利与土木工程学院副院长的李云开教授，他是新一代滴灌专家的代表，会后我邀请他考察了家乡的富金灌溉公司，随后他与该公司开展校企合作，取得了可喜成果，其中一项获全国"农业节水科技奖一等奖"。2017年3月，"全国首届喷灌大会"在中国农业大学举办，由时任水利与土木工程学院院长的严海军教授主持，他是我国新一代喷灌技术的代表，我有幸在会上介绍了喷滴灌优化设计理论和实践。

2018年6月，我为该校研究生作了励志讲座，一位硕士生告诉我："您的报告让我们看到现代农业的美好前景，对自己所学的专业充满了信心。"另一位博士发来短信："您今天的报告特别精彩，令我们农水专业的学生非常受鼓舞！"

◆ 与中国农业大学研究团队师生合影（2018）

**浙江同济科技职业学院** 该院是水利高职院校，我多次为该院学生作水利技术讲座和励志报告，2019年3月学院聘请我为"节水大师"。

2019年9月，根据国家要求，浙江同济科技职

◆ 为浙江同济科技职业学院学生作励志报告（2020）

业学院开展"高职扩招"工作，招生政策很优惠，我归纳为三免："免入学考试""免脱产学习"、涉农专业"免缴学费"。出于对农民的感情，我决定打通"最后一公里"，打电话、发短信，还联系浙江省电台、浙江"农民信箱"等，把这个重要信息、把政府的优惠政策传递给农民。原计划招收100人，当时还担心招不满，结果报名踊跃，录取了179人。2020年也是同样的宣传，结果报名人数爆满，帮助一大批40～50岁"高龄"的新一代农民圆了"大学梦"。

## 二 行万里路

"读万卷书，行万里路"这令人向往的生活，终于实现了，我到各地讲喷滴灌设计，在"输出"的同时还尽量"输入"，参观当地的水利工程或历史古迹，尽管没有时间去游览各地的秀美山川！

**从新疆到上海** 浙江对口支援新疆阿克苏地区，其中宁波支援库车县。库车位于天山南麓中部、塔里木盆地北缘。

2014年初，宁波市科技局推荐我到库车县指导节水灌溉技术。3月6日我从杭州出发，到乌鲁木齐转机，当天到达库车县城，机场通往市区的迎宾大道称为"宁波路"，顿时拉近了我和该地的心理距离。第二

天到实地踏勘，确定了我提出的实施方案，并明确由我落实施工单位，完成这项"交钥匙工程"。

因为上海有会议，当日傍晚我离开库车到乌鲁木齐，赶上最后一个航班到上海虹桥机场，次日凌晨3点赶到位于浦东的国际会展中心。第二天在这里举行的"全国第二届灌溉施肥行业发展高峰论坛"上，作了节水灌溉与水肥一体化的报告。

◆ 作水肥一体化讲座（上海·2014）

几个月后援疆办的同志来电，转达库车县领导的口信，对工程圆满完成表示感谢。

**湖南省水利厅**　2017年3月29日，应湖南省水利厅邀请，我去该省的喷滴灌培训班讲课。为取得更好的效果，该厅还决定购买我的三本喷灌著作，其中一本买不到，就扫描后复印，达到了140多个学员人手一套。讲完课后有学员给我发短信："感谢奕老师的精彩讲

◆ 湖南省水利厅讲课（长沙·2018）

解，特别实用，这次培训对我来说，有一种'来迟了'的感觉！"

培训结束在回火车站的途中我参观了著名的"千年学府"岳麓书院，在书院看到一块悬挂在门上的深褐色的"实事求是"匾额，当年青年毛泽东常来这里，想必经常看到这四个字，后来在延安为中央党

校题词就是"实事求是",最终成为毛泽东思想的精髓,原来这一思想源头就可能萌发于此。

2018年7月,我再次去湖南省水利厅,讲课后到橘子洲头瞻仰了"青年毛泽东雕像"。初中时,读过毛主席的诗篇《沁园春·长沙》"独立寒秋、湘江北去、橘子洲头。看万山红遍,层林尽

◆"实事求是"匾额

染……,恰同学少年,风华正茂",对橘子洲头早就神往,而今到实地瞻仰青年毛泽东"指点江山、激扬文字"的勃勃英姿,感慨良多。

**永州市水利局** 2017年3月在长沙讲课后,永州市水利局领导要我也去该市讲一课,4月20日在永州刚讲完课,在场的副局长对我说:"你的书我订50套,每个县发5套。"过了一个月,该局一科长来电,要求增加到130套,我说小批量印刷价格太高,他说:"这点是小钱!"

讲课后,我参观了位于永州郊区的中共一大代表李达故居,看到了毛主席1948年9月用"地下党"语言写给李达的信:"鹤鸣兄:吾兄系本公司发起人之一,现公司生意兴隆,盼兄速来参与经营。"在中国革命即将胜利之际,毛主席邀请这位老朋友速来解放区,共商建国大计。李达转道中国香港,于1950年3月到达北京,在双清别墅见到了阔别多年的毛主席。1953年起李达担任武汉大学校长。

**江西省赣州** 2017年7月23日,江西省科技厅在赣州举办节水灌溉新技术培训班,我应邀讲课。课后我参观了著名的古代城市排水工程"福寿沟"。赣州三面环江,地势低洼,常受洪涝灾害。福寿沟建于北宋时期,根据地形建成两个排水系统,从空中俯瞰两个系统水沟的走向分别形似篆体"福""寿"二字,故名福寿沟。经历900多年的风

## 用奋斗托举梦想

风雨雨，至今仍是排放雨水的主要通道，这是古代"海绵城市"的杰作。2016年8月李克强总理到这里考察，称赞"福寿沟防洪排涝，造福百姓、延寿千秋，这说明中国城市地下设施营造经验值得赞叹。今天我们建设地下管廊，也要打造经得起历史检验的城市良心工程。"

到了赣州才知道原来"章江"与"贡江"在这里汇合，还由此造了一个"赣"字，并把下游取名为"赣江"，还把江西简称为"赣"。此行使我的历史、地理、文化三种知识都有长进。

**上海华维公司** 华维节水科技公司位于繁华的上海，"布施灌溉之道、成就灌溉创客、泽被天下农人"，把节水灌溉搞得风生水起。2017年7月，公司举办业务骨干培训班，董事长吕门礼让我为公司员工讲一课，还订购了100本我的《喷滴灌效益100例》，并安排了"作者新书签名"活动。

◆ 为华维公司学员新书"签名"（2017）

**寿光国际蔬菜博览会** 2000年以来，山东寿光每年4月20日至5

◆ 寿光菜博会中的"蔬菜长廊"（2018）

◆ 寿光菜博会留念（2018）

月20日举办"国际蔬菜博览会"。作为2018年博览会的一项重要活动，中国农业节水与农村供水协会"高效节水灌溉技术高峰论坛"在寿光举行，4月21日下午我在论坛上作了"喷滴灌优化设计"的讲座，22日下午应青岛某肥料公司邀请讲了一堂"水肥一体化设备"的课。

### 三 读千卷书

退休后有了较多的时间，我就用来读书、看报、参观展览。

**读书** 如饥似渴地读书，主要是读那些以前想读而没有时间读的书。除专业书以外，我主要读近代史、党史，以及名人传记、励志书等，平均每年读书三四十本。

其中历史类书籍有《中国通史简编》《中国近代史》《苦难辉煌》《红星照耀中国》《朝鲜战争》《自然科学史十二讲》《世界科技发展史话》《北京历史文化》《习近平谈治国理政》《建党伟业》《中国共产党历史》《改革开放史》《中华人民共和国简史》《社会主义发展史》《毛泽东与新中国水利工程》等。

名人传记，国外的有《哥白尼》《布鲁诺传》《牛顿传》《富兰克林自传》《达文尔传》《法拉第传》《奥利森·马登成功学》《爱迪生》《居里夫人自传》《伏尔泰传》《爱因斯坦传》《泰戈尔传》《马克·吐温自传》《稻盛和夫》《苏世民·我的经验教训》等。国内的有《梁启超传》《詹天佑传》《严济慈传》《钱学森传》《邓稼先传》《袁隆平传》《王选传》《黄大年》《晨曦集》《曙光集》《我心归处是敦煌》《顾方舟口述史》《褚时健传》等。

文艺作品有《红楼梦》《译林世界名著讲义》《红岩》《林海雪原》《红日》《青春之歌》《保卫延安》《暴风骤雨》《平凡的世界》《地球的红飘带》等。

## 用奋斗托举梦想

**看报刊** 在余姚,有宣传部等各部门送的《光明日报》《余姚日报》以及多份浙江的报刊;在北京,我自费订了《人民日报》《中国水利报》《中国科学报》《环球时报》《参考消息》《北京晚报》等。还有家乡寄我女儿的《余姚日报》。读报是每天的精神粮食,还读《中国水利》《节水灌溉》等杂志,以让自己"不要太落后"。

**参观展览** 因女儿在北京部队工作,使我有部分时间在北京,且住在西郊机场附近,到香山公园、颐和园、圆明园都不远,我经常去,每每看到有建筑前挂着的牌子上面写有"1860年被英法联军毁坏,……,"总有如鲠在喉的感觉。为此我三次去国家博物馆参观"复兴之路"展览,并与读《中国近代史》等史书相结合、互为印证,终于厘清了晚清政府的腐败史,对1840年鸦片战争以来的屈辱历史有了基本的了解。

此外,利用在北京的优势,凡有重大展览我都必去参观,几年中参观了"复兴之路""砥砺奋进的五年""中国人民抗日战争纪念馆""纪念马克思诞辰200周年展""香山革命纪念馆""庆祝改革开放40周年成就展""新中国成立70周年成就展""李大钊事迹陈列馆""北大红楼陈列馆""志愿军赴朝作战70周年展览""中国共产党党史展览馆""奋进新时代·主题成就展""中国载人航天工程30年成就展""科技的力量"等展览,且许多还参观了两遍,致力于了解1840年以来的近代史和深入学习党的百年奋斗史。

◆ 参观纪念马克思诞辰200周年展(2018)

第十四章　黄金岁月

2018年11月还到珠海参观了刚通车的港珠澳大桥和珠海航空展，领略了世界上最长大桥的雄姿，目睹了"歼20"飞机低空表演。民族自豪感犹为浓烈。

**讲党史讲励志**　读书看报做笔记，参观展览拍照片。在此基础上，我制作了"复兴之路""70年辉煌成就""跨过鸭绿江""奋斗百年路""奋进新时代"等十多个PPT讲稿，回家乡到机关、进社区、下农村，为党员讲党

◆ 珠海航空展观展留念（2018）

史、国史，激励大家重温历史、不忘初心。还以"把平凡的工作做好"为题，到余姚市市委党校、市级机关、乡镇政府，为年轻干部作劳动模范事迹报告，为新时代的年轻人励志、鼓劲！

◆ 为农村党员讲党课（2022）

· 135 ·

# 第十五章 水利科普

2013年10月,受"菲特"台风的影响,余姚遭受了新中国成立以来最严重水灾,21个乡镇全部受灾,70%城区受淹,交通、电信瘫痪,部分市民对政府工作产生误解。作为一个水利工程师、人大代表,我觉得有责任、有义务把洪灾的真实原因告诉大家。经过调查,撰写宣讲材料,制作PPT幻灯片,到机关、社区、农村作水利科普讲座,努力发挥正能量,讲好水利故事,以消除误解,凝聚人心。

## 一 "菲特"洪灾成因分析

我向大家说明"菲特"洪灾的主要原因是自然灾害,我们目前的防洪能力是"三天雨量300毫米、四天排出",而"菲特"的三天雨量是600多毫米,"雨下得实在太大了!",下在地球上任何有人居住的地方都会成灾。我还特别说明,在百年一遇的暴雨面前,余姚1 043座水库、山塘没有一处垮坝,这是一个奇迹!我重点宣传科学常识:

"当暴雨超过人类防御能力时,受灾是难免的!"

为了强化这个论点,我列举了国内外4次大水灾作为论据:

**河南特大水灾** 1975年8月4日，3号台风在福建登陆，一路北上1 300公里，三天时间在河南驻马店上空降下1 605毫米大雨，为全年降水量的1.8倍，板桥、石漫滩两座大型水库溃坝，38座中小型水库崩溃，洪水冲毁京广铁路102公里，淹没农田1 780万亩，1 015万人受灾，3万多人蒙难，酿成新中国建立以来最大的洪灾。

◆ 到乡镇作科普讲座（2017）

◆ 板桥水库溃坝（1975.8）

**欧洲水灾** 2002年东欧斯洛伐克首都布拉格遭受400多毫米暴雨，洪水北上130多公里，淹没了德国东部的德累斯顿城，水深5~6米，使这座历史文化名城遭受灭顶之灾，34万人受灾，经济损失达92亿欧元，这个欧洲最强大的国家在"邻居"的暴雨面前

◆ 德累斯顿洪水位（2002）

## 用奋斗托举梦想

◆ 洪水中的美国新奥尔良市（2005）

也不堪一击。

**美国水灾** 2005年8月28日，卡特利娜飓风袭击美国南部的新奥尔良市，城区80%浸在洪水中，1 800人被夺去生命，100万人流离失所，经济损失达1 350亿美元，是美国有史以来最大的自然灾害，这个世界头号强国，局部瞬间也成了"第三世界"。

**北京"7.21"暴雨** 2012年7月21日，北京遭遇61年来最强暴雨，全市平均降雨量190毫米（其中房山区河北镇降水达460毫米），造成10 660间房子倒塌，160万人受灾，79人遇难，经济损失达116亿元。

◆ 北京街道被淹（2012）（引自百度）

**郑州"7.20"暴雨** 2021年7月20日郑州降雨624毫米，接近郑州年均降雨量641毫米，其中16—17时最强点雨量达202毫米，突破我国气象观察记录的历史极值，属典型的"极端天气"。对这次水患，要理性看待。有些境外媒体阴阳怪气、又幸灾乐祸称"郑州投500亿建海绵城市，一场暴雨打破了神话。"复旦大学教授反驳："任何一种技术或项目，都是在特定的范围内发挥作用的，郑州暴雨没有任何排水系统能够应对。"

我反复强调的另一个观点，"应以科学的态度认识科学技术"，对科学技术要"两点论"：

**第一点"科学技术了不得"**。如新中国成立70年，我国人口的平均预期寿命从 35 岁提高到 77 岁；神州飞船在地球与空间站间穿梭往来；北斗导航系统把人的定位精确至 0.5 米以内；手机随时可以与地球彼岸的亲友视频通话……

第二点 "科学技术不能解决所有问题"。如人类至今对地震的预报还没有破题；对火山喷发的预测还是世界性难题；气象预报的准确率也只有百分之七十；水利工程只能减轻灾情，不能消灭水灾；医生只能帮助病人"减轻痛苦、延长寿命"，但不能"包治百病、长命百岁"。

结论是：

"科学能解决越来越多的问题，但永远不能解决所有问题！"

## 二 为什么现在洪水频发？

近十几年来经常出现雨量并不很大，而河网水位很高、洪灾频发的现象。我解释这是经济高速发展、城镇化快速推进带来的负面影响，各地都普遍存在。群众问：怎么洪水越来越多了？我用科普语言回答："天上下的雨并没有比过去增加，但地上蓄水的地方少了许多！"

**一是农村宅基地增加** 如解放初期余姚有 43.5 万人，现在人口达 83.3 万人，经济条件改善，农民住宅从 8 万栋增加至 28 万栋，以每栋房子占地 0.6 亩计算，就有 10 余万亩耕地变成了宅基地，其被瓦片、混凝土所覆盖。

**二是城镇化迅速推进** 余姚城区从 4 平方公里扩大到 48 平方公里，每个乡镇也都有开发区，总面积超过 100 平方公里，又是 15 多万亩耕地变成水泥地，还有无数条河流变成了柏油路。我提醒大家："当我们在抱怨为什么洪水这样多时，请不要忘记我们的脚下原来大部分是稻田，下雨时蓄水 15 厘米，就可以拦截 150 毫米的雨量！"

城镇建设"重地面、轻地下"的现象普遍存在，"城里看海"的照片常见诸媒体,几年前曾出现过"南京的大学都改名为河海大学"的灰色幽默。这印证了 140 年前恩格斯的警告:"我们不要过分陶醉于我们人类对自然界的胜利。对于每一次这样的胜利,自然界都对我们进行报复。"这是我们过去缺乏"科学发展观"的指导,而现在的"海绵城市"建设正是我们痛定思痛后新的觉醒!

## 三　南方为什么也要节水?

二十多年前有位镇长问我:"我们这里水这么多,怎么也要搞节水灌溉?"我既答又问:"现在粮食多了,怎么还有那么多姑娘和先生在节食?"镇长说,噢、我理解了。

这个问题很有代表性,成为我进行科普的重要内容:节水灌溉是科学灌溉,不仅仅为节水,主要是为了节本、减排、增收。

**节水事关粮食安全**。近十年来,我国平均每年进口粮食 1.22 亿吨,占同期消耗的 18%,占全球粮食贸易总量的 1/3。目前我国粮食是"紧平衡",存在不小隐患。我国有 19.18 亿亩耕地,灌溉面积仅 10.37 亿亩,还有 8 亿多亩是"靠天田","灌与不灌,相差一半",粮食亩产相差 250 千克。农业是用水大户,占全社会总用水量的 62%,我国现有耕地如普遍采用节水灌溉技术,平均每亩还可节约 72 立方米水,每年可节水 750 亿立方米,这些水量可扩大灌溉面积 3 亿亩,增产粮食 750 亿千克,可减少 61% 的粮食进口。所以,节水灌溉是事关"粮食安全"的国之大者。

南方总水量虽多,但由于降雨不均,每年也有旱情发生。"洪灾一条线、旱灾一大片",干旱的损失往往超过洪涝灾害。节水灌溉,同样的水量,可多灌一倍的面积,能提高抗灾能力;另外,南方山区坡地多,有的地方水灌不到,节水灌溉能使千年的"靠天山""靠天田"变成现代化的喷灌地，可扩大灌溉面积。

**节水灌溉是增收技术。** 无论南方还是北方，普遍存在大水漫灌现象，造成作物根部缺氧烂根、病害频发，达不到应有的产量。节水灌溉则是"节制灌水"，是按作物的需要适时、适量灌水和施肥，提高农产品质量和产量，同时还能节省 90% 的劳动力成本，所以节水灌溉是科学灌溉，是最可靠的农民增收技术。

**节水就是减排治污。** 目前农村河网水体污染主要来自农业的"大水、大肥"，节水灌溉不仅能够节水，还可以减少"跑水跑肥"，减少肥料、农药用量的 1/3，从源头控制污染，所以节水就能减排，节水就是治污，就是节能降碳。

## 四 三峡工程，国之重器

2018 年，有位挚友发给我一位海归博士的"高论"，文中列举了三峡工程的宗宗"罪状"，结论是三峡大坝"应该炸掉"，朋友给我布置作业："请专家回答！"

我作了客观的解答，并在此后作为科普讲座的重要内容。

对水利工程有不同评价是难免的，如埃及的阿斯旺大坝建于 1970 年，对它的功过是非至今还众说纷纭。但把我国西南地区的旱情、长江下游的洪灾、汶川的地震都归咎于三峡工程，则缺乏科学依据。

任何一项工程都有利有弊，三峡工程是承载中华民族强国梦的国之重器，具有防洪、发电、航运等综合效益，当然也会有负效应。从 1953—1992 年、历经 40 年反复论证中，其核心就是趋利避害，"两利相权取其重，两害相权取其轻"！

**防洪效益。** 万里长江、险在荆江。三峡工程建成后，荆江河段防洪标准从十年一遇提高到百年一遇，有效保护了 1 400 万人和 2 300 万亩耕地。如 2012 年汛期，三峡枢纽经历了最大的洪峰流量，拦蓄洪水 228 亿立方米，确保了长江中下游的安全。相比较而言，1998 年的洪峰流量要小得多，近 700 万军民严防死守，洪水造成直接经济损失达 1 660 亿元。

**发电效益。**用煤发电每度电产生的二氧化碳为 840 克，而用水发电仅 4 克。三峡电站是世界上最大的电站，年发电量可达 1000 亿度，相当于减少用煤 3 200 万吨，减少碳排放 8 100 万吨，这是最大的环境效益。发达国家水力资源开发率已达 80% 以上，而我国才接近 50%，发达国家火电比例仅 27%，而我国还占 70%，如不发展水电，如何实现降碳目标？谁能提供有利无弊的"万全之策"？

◆ 三峡工程雄姿（1994—2009）（引自百度）

国际工程地质学权威——奥地利的缪勒教授，1986 年 5 月在查勘了三峡大坝坝址以后，赞叹地说："这是上帝赐给中国人的礼物！"

**每年多次泄洪的原因。**三峡水库为什么每年多次泄洪？这是我经常要回答的问题，相对百万平方公里的集雨面积，三峡的库容不算大，我以浙江的新安江水库作对比。

◆ 新安江水库第 7 次泄洪（2020）（引自百度）

**集雨面积**：三峡水库 100 万平方公里，新安江水库 1 万平方公里，前者是后者的 100 倍。

**防洪库容**：三峡水库的库容为 221.5 亿立方米，而新安江水库 30 亿立方米，前者仅是后者的 7.4 倍，三峡水库相对库容比较小。

**最大入库流量**，三峡水库为 71 200 立方米／秒，而新安江水库为 6 400 立方米／秒，前者为后者的 11.2 倍，所以三峡水库每年要多次泄洪，而新安江水库建库 61 年，2020 年才第 7 次泄洪，且是首次 9 孔全开。

这样对比，使听讲的人从满腹疑虑到瞪大眼睛感到吃惊，进而豁然开朗！

# 第二部分　感悟

# 第一章　成功源自有目标

## 一　目标、理想和梦想

人生要有目标、有理想、有梦想，这三者有什么区别呢，我的理解是由小到大、由近及远、从具体到宏伟、渐次递进的关系。

目标，是清晰、可及的，经过努力在近期就能实现的计划。

理想，是一个个小目标凝炼成的大目标，开始可能模糊，却能引领人生的方向，逐步用行动去实现它。

梦想，是伟大的目标，是遥远的、宏伟的理想，梦想比现实更灿烂，只有坚持不懈，人生才能出现奇迹。

有人说"没有理想的人，是温饱之后的精神贫血"，此话虽然逆耳，但催人奋进！

刚参加水利工作不久，我下乡到一个村里，有位老人对我说："你们年轻人要有理想，如果没有理想就会如同行尸走肉。"同去的乡农办同志介绍，他在旧社会当过"伪保长"，我听了一惊，过去以为保长都是坏人，却能说出这么有正能量的话！从此"行尸走肉"四个字深深地烙在我的心里，经常予我以警示，提醒自己要做有理想、有志气的人。我的理想是"用科学技术为社会作贡献"。恩格斯说："社会一旦有技术上的需要，则这种需要会比十所大学更能把科学推向前进。"我推广了多项农民所需要的技术，产生了显著的经济效益，退休后我还有新的目标，因此还要不断学习、不断奋斗。

## 二 "梦想"的格言警句

**习近平** 广大青年要肩负历史使命，坚定前进信心，立大志、明大德、成大才、担大任，努力成为堪当民族复兴重任的时代新人，让青春在为祖国、为民族、为人民、为人类的不懈奋斗中绽放绚丽之花。（2021年4月在清华大学考察时的讲话）

**周恩来** 理想是需要的，是我们前进的方向，现实有了理想的指导才有前途；反过来，也必须从现实的努力中才能实现理想。

**列宁说** 要向大目标走去，就得从小目标开始。（无产阶级革命导师，前苏联缔造者）

**加里宁** 只有向着自己提出的伟大目标，并以自己全部力量为之奋斗的人，才是幸福的人。（前苏联政治家、革命家）

**富兰克林** 理想，是一个伟大的造型师，对人生的影响无与伦比，真正伟大的成功者，他们不仅通过双手创造奇迹，还通过自己的理想去规划奇迹。（美国政治家、物理学家、发明家）

**基辛格** 首先，你要对自己现在所处的位置和状态做一个正确的分析，还要清晰地知道自己想要什么目标，然后把目标定在你能力的上限，这并不容易。（2014年基辛格答央视驻美首席记者王冠问"您对今天中国年轻人有什么忠告吗？"，时年91岁。）

**奥利森·马登** 一个人，可以一无所有，但不能没有梦想；一个人

## 用奋斗托举梦想

若想成功,首先要明确自己最爱的是什么,最渴望的是什么。谁也不能没有远大梦想便干成大事。梦想是一切成就的驱动器。这一辈子成为什么样的人、取得什么成就,在很大程度上就取决于你的梦想。(美国成功学奠基人,励志作家)

**萧伯纳** 人生的真正意义是致力于自己认为伟大的目标,有了目标才能有向目标奋进的能力,才有为实现目标而百折不挠的毅力和超人的智慧,才有向目标一步一步靠近的喜悦。(英国杰出的现实主义戏曲作家)

**俞敏洪** 一个人如果什么目标都没有,就会浑浑噩噩,感觉生命中缺少能量;我始终有阶段性目标,设定一个目标是为了提升现在;生命中出现了许多意想不到的结果,之所以这样,是因为我一直在为自己设立短期目标,并付出足够的努力;2006年上市时年收入6亿人民币,定目标10年后100亿,实现了。(新东方教育集团创始人)

**杨利伟** 在实际工作和生活中超越自我的过程,才应该是你的理想。"不想当将军的士兵不是好士兵"这是不错的,但你的理想太大、太远、太空就没有意义了。即使想当将军,也要得从当好士兵一步一步做起。我觉得立志有很多方面,一个远大的目标是一种立志,在本职工作的基础上稳步确立方向也是一种立志。(摘自杨利伟回忆录《天地九重》)

### 三 用脚书写出灿烂人生

"彭超同学,经校长批准,录取你为同济大学2021级专业学位硕士研究生。"2021年7月,四川无臂男生彭超终于收到了它心心念念的录取通知书。

彭超6岁被高压电所击,失去了双臂,在父母的帮助下刻苦练习,用脚生活、学习,先是每天练习用脚夹豆子、筷子、衣架……什么东西都夹,之后再练用脚洗脸、刷牙、吃饭、穿衣、叠被子,7岁半时就能料理日常生活起居。用脚写字最难，一横、一竖、一撇、一捺，整整练了半年多，从小学到初中基本没穿过袜子，脚被冻裂用了十多张创可贴。2015年彭超以603分的成绩被四川大学法学院录取，在校的四年间拿到的奖学金有

◆ "全国自强模范" 彭超

6万多元，被评为"全国大学生自强之星标本"和"第六届全国自强模范"。他大学期间还迷上了古诗，有二三千首古诗积累，参加《中国诗词大会》节目前一个月内突击背了5 000首诗词，在比赛中过五关、斩六将，勇夺中国诗词大会首位擂主。

大学毕业后到培训机构做讲师，一边工作，一边准备考研，白天上课，晚上看书，每天复习3~5小时。2021年3月，参加同济大学研究生复试，用脚完成了3个多小时的考试，初试、笔试、面试成绩都达到法学院录取分数线，终于被顺利录取。对研究生毕业后的生活，彭超已有初步规划，读博士留校当老师，或到法律事务所当一名律师。"无论选什么，都要做对社会有贡献的人。"这就是彭超，一个无臂青年的人生目标。

## 四 "当代毕昇"——王永民

如今，年轻人能够从容地坐在电脑前，十个手指在键盘上跳跃飞舞，每分钟可输入百十个汉字；现在中国人可以和英国人、美国人一样，潇洒地用双手把自己祖国的文字输入电脑，这是个奇迹，而且这

## 用奋斗托举梦想

◆ 王码五笔字型发明者王永民

奇迹的创造者叫王永民。

王永民，1943年出生于河南省南阳市南召县，教授级高级工程师，五笔字型输入法的发明者。在世界上首破汉字输入每分钟100字大关，获中、美、英三国专利，2003年国家邮政局发行纪念邮票"当代毕昇"——王永民。2018年获得国家"改革先锋"称号，评语为："推动汉字信息化的'王码五笔字型'发明者"。

12岁那年，王永民以优异成绩考入南召县一中，一时成了轰动全乡的"小神童"，这时他脑子里已经有了一个远大的目标："要当科学家。"六年之后，在1 000多人参加的高中毕业典礼上，王永民走上讲台，公开了他的目标："翻开我们的物理、化学课本，印在里面的头像都是高鼻子长头发的外国人，我们现代中国人为什么不能有伟大的发明创造，把头像印在课本上？"

1962年王永民以南阳地区第一名的成绩考入了中国科学技术大学无线电系，成了当地的高考"状元"。

1978年，王永民回到南阳地区科委，管理一个"汉字校对照排机"的省级重大项目，王永民看过资料后，对承担该项目的一位副总工程师的方案提出了疑问。在那位副总工程师的眼里，王永民只是个无名小卒，根本就没有资格对他这样的权威评头论足。因此大为光火，扔下一句话："你想给我当徒弟，还得再学三年！"就扬长而去。这是王永民有生以来受到的最难以接受的侮辱，在他的内心产生了强烈的震荡，他要求把这个项目交给他，科委领导为王永民的诚意和决心所打动，破例将这一千载难逢的机会给了他。

1980年秋，王永民一边治病，一边抄录编写卡片，经过11万多张卡片的反复组合排列，终于发现了"字根"：现代汉语使用的12 000多个汉字，原来只需600多个字根就可以组合出来。1984年，新华社连续发文介绍五笔字型，并称之为"不亚于活字印刷术的发明"。

"数字王码"从根本上改变了我国计算机输入法长期依赖进口的局面，被国内外媒体评价为"汉字输入技术的第二次革命"。经过艰苦奋斗，王永民实现了他当科学家的梦，而且是"划时代"的科学家。2000年，在中国科学院院长路甬祥主编的《科学改变人类生活的100个瞬间》中，"王码五笔字型"入选，王永民被誉为"把中国带入信息时代的人"。

## 五 一位大学校长的寄语

西安交通大学校长王树国对学生寄语，把理想、梦想、奋斗演绎为"三气"，回肠荡气、催人奋进，我从视频摘录部分献给读者。

"人要有三气，志气、骨气、底气！"

"何为志气？志气来源于情怀。一个没有国家情怀的人何谈志气。青年毛泽东，26岁，1919年，在他创刊的《湘江评论》中大声疾呼：'天下者我们的天下，国家者我们的国家，社会者我们的社会，我们不说谁说？我们不干谁干？'一个年仅26岁的年轻人，能发出这样的豪言壮语，他的心中有民族，心中有国家。他看到了国家处于危亡之中，发自内心的呐喊，拯救国家与民族于危难之中。人不可无志，人不能没有追求，没有追求就丧失了前进之动力，失去了生命之价值，价值在什么地方？不在成功那一刻，而在于为成功而奋斗的历程之中。与任何一代人不可比拟的，因为在你们手中将会实现中华民族的伟大复兴，这个使命不可不伟大。人的潜力是无限的，就看你敢不敢面对困难，志不立、

## 用奋斗托举梦想

天下无可成之事，面对挑战，并且直面战胜它。希望大家仰望星空、追逐梦想，心中有理想、有目标、有追求。我特别欣赏汪国真的话'既然选择了远方，便只顾风雨兼程'。"

"**骨气什么是？是自信。**软骨头永远挺不起民族的脊梁，自信何来？源于5000年文明，源于百年的艰苦奋斗，未来属于你们。2049年，新中国成立百年的时候，民族复兴的大业将在你们手里实现，你们是这个伟大时代的参与者、贡献者，应该为此感到自豪，没有骨气完不成这样的事业。"

"**第三个是底气，底气来源于真才实学。**有底气的人都是有能力的人，有底气的人都是有贡献的人、都是有作为的人，那怕是小小的职员，一个普通的工人，那怕是个农民，只要有这份理想、这份信念、这份追求，他所在的岗位一定是个大舞台。"

"学习是一生的事情，成功需要毅力和持之以恒，有些人三分钟热度，和领导谈一次话，就起来了，遇到烦心的事又放弃了，不要在别人要求下不情愿地做事。"

"空谈误国，实干兴邦。任何事情都是闯出来的，谁掌握了科技创新的领先权，谁就掌握了未来发展的主动权。历史给了我们这样一个机会，我们再不作为，愧对后人、愧对祖先、愧对国家民族之希望。让我们携起手来，为了我们民族的希望，为了我们人类更美好的明天共同努力。"

# 第二章　用奋斗托举梦想

## 一　爱拼才会赢

所有成就始于梦想、成于实干。生命的价值在于奋斗，美好的梦想要用奋斗的行动来兑现，要靠勤劳的汗水来浇灌。中央电视台《感动中国》栏目有句话：我们不仅需要感动，更重要的在于行动！有一首歌曲名叫"爱拼才会赢"，歌词中有"三分天注定，七分靠打拼，爱拼才会赢"。这"拼"就是奋斗，就是不断学习、不断实践、不断创新！

中国政法大学郭继承教授告诫学生说"决定人生的绝不是一场考试，而是我们持续不断学习的心态，用一生持续地奋斗。"

勤奋比聪明更可靠！

国学大师季羡林总结的成才公式是：

$$成功 = 勤奋 + 天资 + 机遇$$

袁隆平给年轻人的成才寄语是：

$$成功 = 知识 + 汗水 + 灵感 + 机遇$$

## 用奋斗托举梦想

"成功"要素中,"天资"是天生的资质,"机遇"是遇到的机会,两者都是客观的、可遇不可求的,唯有"勤奋"和"汗水"是主观的,只有奋斗,天资才能发挥、灵感才会出现、机遇才能抓住,可见奋斗是成功的"第一要素"。一个成功者不仅靠智力,更主要的是靠专注和勤奋,践行"一万小时定律",才能在某个领域出类拔萃。

美国成功学创始人奥里森·马登说:"最伟大的天才都是最勤奋的人。限制人们的常常不是能力不够,而是缺少勤奋。很多时候雇员比老板更聪明,有更好的智力,但是他们不够勤奋,不注重提高自己的才能。"

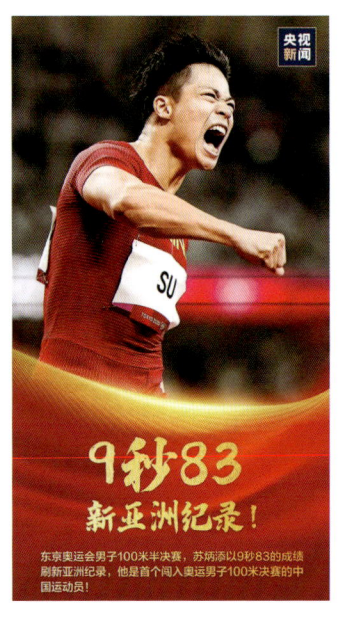

◆ "奋斗者的姿态"

2021年,苏炳添冲刺的照片定格在我眼前挥之不去。苏炳添1989年出生,中国男子短跑运动员,暨南大学副教授,北京体育大学博士生。2015年以来在百米比赛中十次进入10秒以内,2021年在东京奥运会男子百米半决赛中以9.83秒的成绩刷新亚洲纪录,成为"亚洲飞人"。他三次进入奥运会都未获奖牌,但他的第八名比奖牌还可贵。奥运会后,"苏炳添速度与训练中心"在暨南大学成立,科学研究将为训练赋能,32岁的苏炳添还将继续出征,什么是奋斗者的姿态?勇攀高峰的苏炳添就是!

## 二 "奋斗"的格言警句

**习近平** 人的一生只有一次青春。现在,青春是用来奋斗的;将来,青春是用来回忆的。(2013年与青年代表座谈讲话)

## 第二章 用奋斗托举梦想

阎肃　我一辈子有许多荣誉,如"国宝级词作者",我一概都不承认,只承认两个字"勤奋"。人一辈子就要有一个确定的目标,然后尽其聪明去实现。(著名文学家、剧作家)

王桂兰　不读书、不吃苦,你要青春干嘛？怕吃苦,苦一辈子;不怕苦,苦一阵子。人生有两条路可以选择:要么吃苦十年,精彩五十年;要么安逸十年,吃苦五十年。叛逆和疯狂的青春当然可以,但几年的放纵,换来的可能就是一生的卑微和底层!(湖北随州二中女校长)

严歌苓　我30岁开始学英文,只学了一年零七个月,英语就考过了托福的研究生线(当时550分),我得了577分。那段时间,我胳膊上写的是单词,端盘子时看的是单词,一天只睡四五个小时。这段考试的经历告诉我,成功只有一条路可走,那就是勤奋。(美籍华人作家,《芳华》的作者)

张瑞敏　坚持把简单的事情做好就是不简单,坚持把平凡的事情做好就是不平凡。所谓成功,就是在平凡中做出不平凡的坚持。重要的是做好眼前的每一件小事。所谓的小事也是相对的,在这个时间段是小事,随着时间的推移会演化成大事。成功的秘诀就是每天都比别人多努力一点,用脚踏实地的平凡,持之以恒,不断奋斗,才能铸就伟大。(海尔集团总裁)

徐小平　不幸的人各有各的不幸,而幸福的奋斗都是一样的。他们都好学,他们都敬业,他们都热爱自己的行业,他们在别人看来都特别简单、没有什么意思的行业里因为敬业和勤奋,而做出惊天动地的事业。(真格基金创始人、新东方联合创始人)

马克思　青春的光辉,理想的钥匙,生命的意义,……全包含在两个字当中……奋斗!

牛顿　无论做什么事情,只要肯努力奋斗,是没有不成功的。(英国著名物理学家,世界最伟大的科学家)

## 用奋斗托举梦想

**达尔文** 如果说我有什么功绩的话,那不是我有才能的结果,而是勤奋有毅力的结果。(英国生物学家,进化论的奠基人)

**歌德** 光有知识是不够的,还应当应用;光有愿望是不够的,还应当行动;生命里最重要的事情是要有个远大的目标,并借助才能与坚毅来完成它。天才有90%源于勤奋。(德国著名思想家)

**雷诺兹** 假如你有天赋,勤勉会使天赋更加完善;假如你才能平平,勤勉会补足缺陷。(英国18世纪画家)

### 三 "敦煌女儿"樊锦诗

樊锦诗,1958年就读于北京大学历史系考古专业,1963年毕业,被分配至大漠深处的敦煌研究所,那时的敦煌环境闭塞,荒无人烟,住土房、喝咸水、点油灯,没有卫生设备,她不止一次地想离开,但最终没有成行。

樊锦诗的丈夫彭金彰是她大学的同学,毕业后分配到武汉大学,为了各自的事业,两人千里鸿雁传书、遥寄相思,两地分居达19年。1986年最终丈夫放弃了在武汉大学亲手创建的历史考古系,由甘肃省委、省政府出面调到敦煌研究院,樊锦诗对丈夫的理解和支持深为感动,她说:"如果爱人不支持我,那我肯定就要离开敦煌了,我还没有伟大到为了敦煌不要家、不要孩子,我不是那种人。"

读了樊锦诗的自传《我心归处是敦煌》,她是老实人,说的是诚实话,我为她的奋斗故事感动。

**拒绝"莫高窟上市"** 1998年,60岁的樊锦诗担任敦煌研究院院长,那时全国掀起了"打造跨地区旅游上市公司"的热潮,上级有关部门要将莫高窟捆绑上市,樊锦诗顶住了重重压力,坚决不同意。她说:"要是把这份遗产毁了,全世界就没有第二个莫高窟了,那我就是历史的罪人。"

**创建"游客中心"** 为了缓解游客在窟内停留时间过长对文物带来的影响,樊锦诗从2003年初开始筹建"莫高窟游客服务中心",让游客在进洞窟之前,先通过影视画面、虚拟漫游,全面了解莫高窟的历史背景,然后由专业导游带入洞窟参观,这样不仅让游客在较短的时间内了解更多的文化信息,而且使游客在洞内平均滞留时间减少了40分钟,游客承载量从每日3 000人提升到6 000人。

**创建"数字敦煌"** 将洞窟、壁画、彩塑及与敦煌相关的一切文物转换成高智能数字图像,同时将分散在世界各地的敦煌文献汇集成电子档案,采用先进的数字化技术永久地保存敦煌信息。

樊锦诗用近60年的执着与坚守,为敦煌莫高窟的保护和研究奉献了一生,铸就了一个文物工作者的平凡与伟大,被誉为"敦煌女儿"。2019年9月17日,国家主席习近平签署主席令,授予樊锦诗"文物保护杰出贡献者"国家荣誉称号。

樊锦诗说:"人活的是一种精神,虽然有的人觉得这个很虚。我不说物质可以不要,但精神还是最重要的,是决定性的。因为只有有了精神,才能有创造物质世界的可能。"

"精神不是用来说的大道理,而是脚踏实地的实干。我就这么点本事,我这样一个笨人尽心尽力把这件事做好就安心了。"

"我觉得世界上有永恒,那就是一种精神。"

"不管你是西方人,还是中国人,是大人还是小孩,是教授还是普通人，人都应该有种精神。为什么说精神比物质更重要？物质坏了可以再造，精神坏了就无药可救了。"

人是要有一点精神的，这"精神"就是奋斗精神，樊锦诗对此作出了最朴素、最诚挚的诠释。

## 四 "奋斗着，就是幸福"

◆ "中国的保尔" 朱彦夫

在抗美援朝的长津湖战役中，志愿军战士朱彦夫失去了四肢和左眼。此后他回到山东家乡担任村党支部书记，用25年时间改变了家乡贫穷落后的面貌。退休后他又用残肢抱笔，完成了两部自传体小说。2019年朱彦夫被授予"人民楷模"国家荣誉称号，2021年10月25日《人民日报》报道了这位老英雄的事迹。

1947年，14岁的朱彦夫成为一名解放军战士，1950年12月奉命随部队参加抗美援朝战争。在长津湖二五〇高地，他所在的连队冒着零下30摄氏度的低温，与装备精良的敌人血战三天三夜。在全连阵亡的前沿交通壕沟里，朱彦夫一寸一寸地爬了3 000多米，找到了部队。昏迷93天、手术43次后，朱彦夫奇迹般地醒了过来。

回国后，作为特等伤残军人，朱彦夫没有继续住在荣军医院，而是选择了回乡。经过一次次苦练，学会了自己吃饭、又学会了捆绑绷带、装卸假肢、自己独立如厕……"我最大的幸福，就是生活里的一切都不用别人帮。"朱彦夫说。

1958年，朱彦夫担任家乡张家泉村党支部书记，在此后的20多年里带领乡亲填平了3条深沟，新增粮田200多亩，打出12眼水井，修了1 500米水渠。"人活着，就得奋斗；奋斗着，就是幸福；奋斗不止，幸福就不断。"朱彦夫说。

1982年，患肝炎的朱彦夫从书记岗位上退了下来，他又有了新的目标，要把战友们英勇奋战的事迹写成书。他苦练出用嘴衔笔和臂上绑笔两种写字方法，经常一天写十几个小时，硬是用舌头查字典，前后翻烂4本字典，写出了33万多字的自传体小说《极限人生》，此后又写完《男儿无悔》。

从拿枪杆子、握锄把子，到用笔杆子，历经百般磨难，朱彦夫从未向命运低头，他说："我不相信命，更不相信运。我相信自己的判断，相信党！只要信念不倒，精神不垮，什么都能扛过去！"

## 五 "奋斗达人"王利芬

1981年，正在上高中的女学生王利芬，比我早一年读到了《人生就是奋斗》，从此懂得了人生就是要奋斗，并懂得了读好书是能发光的最佳途径，"上最好的大学，获得最高的学历"，成为她非常清晰的奋斗目标；1982年就读于华中师范大学，到1989年先后获法学学士和文学硕士学位，成为武汉大学中文系的一名教师。1991年考取了北京大学当代文学专业的博士生。1994年博士毕业后进入中央电视台，在《东方时空》《焦点访谈》《新闻调查》等栏目担任编导记者，2010年辞去央视公职，创办北京"优视米网络公司"并担任总裁。

王利芬说："这期间有过许许多多跌跌撞撞，我发现永远在最为关键的时刻，我骨子里的那股'要像星星一样发出自己的光，要奋斗'的

## 用奋斗托举梦想

◆ 王利芬和她的著作

劲总是起到了不可估量的作用。"

2009年,这位28年前《人生就是奋斗》的读者,在中央电视台策划了一期与80后的对话——《奋斗》,节目结尾,她举起了《人生就是奋斗》那本80年代不过两毛一分钱的小册子,并说:"这本书是我青少年时所得到的最好的礼物,因为它在我人生价值观形成的初期给我打上了一层最健康最亮丽的底色。"说完,她向在上海演播室的嘉宾,即该书的作者潘益大先生深深地鞠了一躬,以表达20多年珍藏在心底的感激之情。节目播出以后在广大青年中掀起了波澜,《人生就是奋斗》迅速出版第二版,王利芬在为再版作的序中写道:

这本书其实就是告诉了我人生的一个答案:人生就是要奋斗,"我们应用自己的汗水去开拓人生的新路。古今中外历史上,有几个伟人大师是靠着'好爸爸'成才的呢?"当我读到这一段时,好像内心深处被某种东西打动了。如果说,人生有"心灵洞开"之说,我恐怕就是那个时候开始的。

王利芬,一个典型的、成功的奋斗者!

## 第三章 把读书作为生活方式

### 一 "书到用时方恨少"

上海名医、全国政协委员张文宏在《人民日报》上撰文:"每个人的成长如果能读万卷书善于学习,行万里路善于实践,则人生就不会有遗憾,也更能应对人生中的种种挫折了。"

读书,既要读"做事"的书,构建起安身立命的知识体系,并结合实践淬炼,使自己成为业务上的佼佼者;还要读"做人"的书,"文学是用来点亮心灵的",读文学、历史、哲学,还要读政治、经济、法律,"采得百花方成蜜",从书中汲取智慧,涵养正确的世界观、人生观和价值观,塑造昂扬向上的精神世界,人的"三观"比"五官"更重要。

我的家庭重视读书,从小买书的要求总能得到满足。工作期间得益于单位领导的开明政策,每月报销100元书费,我每年报至超额、自费还买。我的切身体会是:读书很重要、"书到用时方恨少"!此外,实践更重要、"绝知此事要躬行"!知行合一最重要,谁把理论与实践

结合的最好,谁就是最成功的人。

**多读书是基础** 因为世界很大,而个人的实践仅为区区一隅;又因为知识浩瀚,而人生不过短短百年,能亲自实践的仅寥寥数十载。因此,知识的获得应主要靠间接经验、靠读书。一本好书,是作者多年甚至一生智慧的结晶,"批阅十载、增删五次"是常态,而读者可以在几天时间内获取其中的精华。一个人从小学到大学有15~20年最美好的年华在读书,但还是"书到用时方恨少",需要毕生读书、终生学习。

手机阅读很方便,但要获得系统化的知识,纸质书本无可替代。著名作家王蒙告诫我们:"书要捧着读",捧着读的思考和感觉是电子阅读取代不了,也是感受不到的。

**用好书是关键** "事非经过不知难。"读书的目的在于应用,"既以书为友,又以实践为师",把书中的知识与现实对接,让纸上的文字在纸外生根,这才是读书的意义所在。

◆ 余姚老家的新书房(2024.3)

我至今每年购书仍在千元以上，有藏书3 000多册，家中设有一壁书柜，五个柜子挤得满满当当，这是我的精神家园、我的"伊甸园"。其实我不是书藏得多，只是"一直保持学习的姿态"，读得勤、用得好。"纸上得来终觉浅、绝知此事要躬行"，三十年中陆游这个诗句我曾三次让弟弟永芳书写挂在办公室，越看越觉得字字珠玑、一字千金。

读书与用书的关系，就如同"看地图"与"勘现场"的道理，查看地图，能迅速找到目的地的经纬方向；但只有实地踏勘，才能发现图中存在的谬误和当地环境已经发生的变化，这样作出方案或作出决定才能符合实际。

## 二 "读书"的格言警句

**杨绛**："读书不苦，不读书的人才苦"，"读书就好比到世界上最杰出的人家里去串门。"（著名女作家、翻译家，钱锺书夫人）

**季羡林**："人必须读书，才能继续和发扬前人的智慧。人类之所以能够进步，永远不停地向前迈进，靠的就是能读书又写书的本领。"（语言学家、文学家、国学家）

**贾平凹**："能好读书必有读书的好，譬如能识天地之大，能晓人生之难，有自知之明，有预料之先，不为苦而悲，不受宠而欢，寂寞时不寂寞，孤单时不孤单，所以绝权欲，弃浮华，潇洒达观，于嚣烦尘世而自尊自重自强自立，不卑不畏不俗不谄。"（当代作家）

**鲁迅**："只看一个人的著作，结果是不大好的，你就得不到多方面的优点。必须如蜜蜂一样，采过许多花，才能酿出蜜来，倘若盯在一处，所得就非常有限，枯燥了。"（著名文学家、思想家、新文化运动的重要参与者）

**梁实秋**："读书可以让你在短时间领悟到需要几年才可以学到的经

验。读书可以带来的，不仅是学识的渊博，眼界的开阔，还会带来内心的富足，让你更容易感受到生活中的点滴幸福。"（中国当代散文家、学者、翻译家）

**王安石**："贫者因书而富，富者因书而贵。"（北宋著名思想家、文学家）

**莎士比亚**："书籍是全世界的营养品。生活里没有书籍，就好像没有阳光；智慧里没有阳光，就好像鸟儿没有翅膀。"（英国文艺复兴时期的作家、诗人）

**爱迪生**："书籍是天才留给人类的遗产，世代相传，更是给那些尚未出世的人的礼物。"（美国发明家、企业家）

**培根**："读书补天然之不足，经验又补读书之不足。"（英国文艺复兴时期散文家、哲学家）

**雨果**："书籍是造就灵魂的工具。"（法国19世纪文学家）

## 三 俞敏洪"每年读60本书"

俞敏洪，1978年开始参加高考，这年他因英语考了33分而落榜；第二年考了55分，再次失利；第三年进了高考补习班主攻英语，结果考了95分，终于考入北京大学西语系，可见他并不是天才。本科毕业后俞敏洪留校任教，分配给他的房间仅8平方米，且还是地下的。他因到校外兼职做英语老师，违反了校规受到处分，1991年从北大辞职，1993年开始创办新东方学校，并先后在34个城市创建了英语补习学校，大获成功，连续三届担任全国政协委员；2012年获评"中国最具影响力的50位商界领袖"。

他在北大读书期间读了1 000多本书，其中1982年患上了肺结核，在休学的一年中就读了300多本书，英语词汇量从8 000多个猛增到

20 000多个；创办"新东方"以来又读了二三千本书。如今功成名就的他，"仍坚持每天读书50页以上，每年读60本书，每周去一次书店的习惯。"俞敏洪的成功固然有多种因素，但其中最重要一条就是读书，这造就了他过人的智慧。

◆ 俞敏洪："相信奋斗的力量"

# 第四章 用创新点亮人生

## 一 对创新的几点认识

创新是成才的要素。全国大学生创业大赛的口号是"今天创业的赛手，明天商界的领袖"。我的体会是，如不会创新，纵然勤勤恳恳，工作成效也只是"相加"的和；而如果善于创新，则事半功倍，工作绩效便是"相乘"的积。爱迪生有名言："天才是百分之一的灵感加上百分之九十九的汗水"，几乎每个人都能脱口而出。但是还有后半句："当然没有那百分之一的灵感，世界上所有的汗水加在一起，也不过是汗水而已。"说明"灵感"是创新和成功的极其重要的因素。

**创新与学历** 有位叫道格拉斯的美国人说："孕育了发明创造能力的

◆ 成功要素："把创新当成习惯"

小学毕业生远比丧失了发明创造能力的哈佛大学毕业生有更多的成功机会。"此话惊世骇俗，让学历较高的人灰心丧气，但不能泄气，而要知耻而后勇，且看下一句。另一位发明家说："发明创新的多少与一个人的学历无关，但发明创新的水平与一个人的学历成正比。"这话很辩证，既是对低学历发明人的肯定，又是对高学历者创新的激励。

**创新的范围** 创新应不限于技术，而是每个领域都需要创新，尤其是政策创新，对推动社会进步的作用更大。我国的"改革开放"就是一系列政策的创新。放眼物质世界，除了阳光、空气、水等自然物质以外，人类赖以生存的一切，吃的、用的、住的，都是技术创新的成果；环顾我们的社会，每一条政策、法律、制度，都是人们在管理创新方面的产物；每一种艺术，都是创新的精神财富。

**创新的方法** 最基本的原则是老祖宗的智慧——"大道至简"。诺贝尔物理学奖获得者李政道说过："最重要的往往是最简单的，可以毫不夸张地说，不知简单就不知复杂"。创新的方法有多种，这里仅举三例。

第一，"类比法"：从古至今，类比一直是科学创新最基本的方法。17世纪人们把声和光两者作相似的类比，产生了光波理论；瑞士科学家皮卡尔类比空中的气球发明了水中"深潜器"，2020年10月我国"奋斗者"号已潜深到最深的马里亚纳海沟10 909米；航天专家类比太空失重环境，发明了航天员水中训练法。

第二，"缺点列举法"：对周围的一切事物都采用"两点论"：一是"所有东西都是前人创造的"，留心从中吸取智慧，并感谢先辈、敬畏前人；二是"所有东西都有缺点、还可以更好"，从缺点中发现创新灵感，站在前人的肩膀上创新，推动技术和社会进步。例如汽车是伟大的发明，但尾气污染的缺点日益突出，所以新能源汽车成了创新的重要方向；又如电话是了不起的发明，但美中不足是带着线，所以人们发明了无线电话——手机。

第三，"综合创新法"：又称技术嫁接法。爱因斯坦说过："我认为，一个为了更经济地满足人类的需要，而找出已知装备的新的组合的人就是发明家。"把一个领域的设备移植到另一个领域是创新，把各种成熟的设备重新组合，产生新的功能也是创新。例如手机，本来的功能仅是电话，现在"综合、嫁接"的功能已数不胜数：电报（微信）、手表、拍照、录像、阅读、购物、汇款、收音、电视、气象、地图、导航……。

◆ 共和国功勋——孙家栋

文艺领域的创新——艺术上的嫁接更多，最典型的是西洋乐器小提琴与东方越剧结合的《梁祝》，每一个音符都沁人心扉，拨动心弦。据说地球上有华人的地方都有《梁祝》，这是艺术创新的魅力。

航天工程更是无数项尖端技术的集大成者，是典型的"集成创新"。中国航天的里程式人物孙家栋说："国家需要，我就去做。我这一辈子说简单很简单，就做了一件事：造导弹、造卫星；说复杂很复杂，造导弹、造卫星或是'无中生有'，或是千难万险。"这"无中生有"就是集成创新。

## 二 "创新"的格言警句

**邓小平**："掌握新技术，要善于学习，更要善于创新。"（伟大的马

克思主义者，中国共产党、中国人民解放军、中华人民共和国的主要领导人之一）

**钱学森**："我们不能人云亦云，这不是科学精神，科学精神最重要的就是创新。"（世界著名科学家、"两弹一星"功勋奖章获得者）

**陶行知**："人类社会处处是创造之地，天天是创造之时，人人是创造之才。"（人民教育家、思想家）

**袁隆平**："作为一个科学家，不能迷信权威，迷信书本。科学是没有止境的，只有敢于探索、敢于创新，才能成果迭出，常创常新。"（著名农学家，首届国家最高科学技术奖获得者）

**杨振宁**："中国留学生学习成绩往往比同时学习的美国学生好得多，然而十年以后，科研成果却比人家少得多，原因就在于美国学生思维活跃，动手能力和创造精神强。"（清华大学教授）

**道格拉斯**："孕育了发明创造能力的小学毕业生，远比丧失了发明创造能力的哈佛大学毕业生有更多的成功机会。"（美国行为学家）

**阿西莫夫**："21世纪可能是创造的伟大时代。那时机器人将最终取代人去完成所有单调的任务，电子计算机将保障世界的运转，而人类最终得以自由地做非他莫属的工作——创造。"（美国未来学家）

**乔布斯**："领袖与跟风者的区别就在于创新。"（美国发明家、苹果公司联合创始人）

**普西**："一个人是否具有创新能力，是一流人才和三流人才之间的分水岭。"（美国哈佛大学校长）

**舒曼**："人才进行工作，而天才则进行创造。"（德国作曲家）

**稻盛和夫**："不管在企业、财界还是政界，凡身居领导之位者，皆有'化繁为简'的先天才能。所谓'把复杂的现象简单化'，其实就是探究其产生的本原。纵观历史上的发明家和科学家，往往都具备化繁为

## 用奋斗托举梦想

简的能力，比如我们熟悉的爱迪生。"（日本企业家）

### 三 科学巨匠的创新特点

我读了数十本科学家传记，发现科学巨匠除了"博览群书、站在前人肩膀上"这一共性之外，他们的创新各有特点，是把"观察""计算""试验""思考"等发挥到淋漓尽致。

**第谷"观察"+开普勒"计算"** 第谷·布拉赫生于1546年，擅长观测，建立了欧洲第一座天文观象台，并设计制造了许多精密的天文仪器，被誉为"近代天文学之父"。经过20多年废寝忘食的观测，积累了大量笔记和草图，脑子里各种思想呼之欲出，可惜因为数学水平不够，没能进行数学归纳而发现其中的定律。约翰尼斯·开普勒生于1571年，擅长数学，成为第谷的助手，利用第谷提供的资料进行细致的分析，凭借自己高超的数学才能，站在第谷的肩膀上，发现了"行星运动三定律"，被人们称为"天空立法者"，为后来牛顿发现万有引力定律奠定了基础。第谷与开普勒优势互补、"合作共赢"，成为科学史上的佳话。

**牛顿的"思考+数学"** 牛顿生于1643年，恰是伽利略去世那年。牛顿进入剑桥大学后，上课听亚里士多德，下课补习"现代哲学"笛卡尔、哥白尼、伽利略、开普勒的著作，特别把《几何原理》读得烂熟于胸，打下了牢固的数学基础，大四时推导出二项式定理。1665年，22岁的牛顿从剑桥大学毕业，刚上研究生，遇上鼠疫爆发，学校停课，于是他回到了乡下老家。"本科生牛顿同学"，在躲避瘟疫的两年间，几乎与世隔绝，窝在书房里无限冥想，充分运用"超级大脑"和超强数学能力，并把这些研究全部记录在1 000页的笔记本上，大名鼎鼎的"三大运动定律和万有引力定律"从此诞生，同时还顺手发明了微积分，这年牛顿24岁。经过整理誊抄，两年后完成了《自然哲学的数学原理》第一卷，成为"科学史上最重要的论著之一"。牛顿的天才发现，主要是凭他的"超级大脑"。

**达尔文的"观察+思考"**　1831年12月，大学刚刚毕业的22岁的达尔文担任博物学家，随"小猎犬号"出海考察，爆发出超人的勤奋，每到一地他都下船走到很远的陆地，收集了难以计数的标本，把菲茨罗伊船长惊得跳起来："船要被你压沉啦！"达尔文一上船就坐在甲板上读书，每天都写很多笔记。

1836年10月，达尔文回到英格兰，开始整理海量的标本和笔记，并用惊人的大脑进行思考，他把随船五年考察看到的各种自然现象，通过进行严密的逻辑推理，终于总结出生物进化的基本规律："物竞天择，适者生存"。1844年完成了250页书稿，1859年11月出版了巨作《物种起源》，从而"上帝创造一切"的神话从此土崩瓦解，人类以及人类历史起源的真相开始大白于天下。

**爱迪生的"试验+灵感"**　爱迪生于1847年出生，比牛顿晚204年。他仅在美国就拥有1 093项专利，每一项发明都是靠勤劳的双手做出的。爱迪生年轻的时候每天工作19小时，50岁以后每天工作不超过18个小时。爱迪生说："生命太短暂了，我还有许多事情要做，一定要抓紧时间！""就算我每天工作19个小时，我也想让每一秒都用在发明上，让我的每个细胞都用在发明上。"他说到做到，创造发明至84岁，即生命的最后一年。

爱迪生在高深的理论方面是欠缺的，比如他留下的一本《量子论》扉页上还标注着："此书是废物！"当记者问他"您对爱因斯坦理论有什么想法？"时，他老实回答："我没有任何想法，因为我完全看不懂。"但这并不影响他的伟大，因为人类需要爱因斯坦，也需要爱迪生，他的发明主要来自不怕失败的试验，所以，"天才就是99%的汗水

加 1% 的灵感。"这是他最深刻的体会。

**居里夫妇全靠"双手"** 居里夫妇决心从铀沥青矿渣中把镭分离出来，但镭的含量不到百万分之一，提炼工作十分艰辛。他们既是学者，又是技师、工人，大多数时间在木棚下度过，用与身高差不多长的铁棍，在沸腾的铁锅边连续几个小时搅拌，整整 4 年，于 1902 年终于从数吨矿渣中提炼出 0.1 克纯镭。第二年居里夫妇因放射性研究获诺贝尔物理学奖，1906 年居里不幸去世，1911 年居里夫人又因钋和镭的发现获诺贝尔化学奖，成了第一位两次获得诺贝尔奖的人和唯一的女性。居里夫妇的伟大发现不是靠灵感一闪，而是凭双手锲而不舍的功夫。

**爱因斯坦凭"超级脑袋"** 爱因斯坦生于 1879 年，在牛顿的天才发现的两百多年后。1905 年 3 月到 6 月，在瑞士专利局当审核员的爱因斯坦，没有请一天假，以每月一篇的速度发表了四篇论文，其中第四篇就是狭义相对论，这年他刚刚 26 岁。可第一篇论文在 16 年后才获得诺贝尔奖，因为诺贝尔奖评审委员会看不懂。爱因斯坦创造了科学史上的奇迹，因为这一颠覆牛顿经典物理大厦的重要发现，是全凭他的"超级脑袋"想出来的，是想象力的飞跃，而不是对实验数据的归纳。所以有了爱因斯坦的名言："想象力比知识更重要。因为知识是有限的，而想象力是无限的，它包含了一切，推动着进步，是人类进化的源泉。"这是他最宝贵的经验、最深刻的体会。

## 四 "糖丸爷爷"顾方舟

2019 年 4 月，我从《北京晚报》上读到顾方舟的事迹介绍，当天买了他的传记《一生一事》，读了深受感动。

2000 年，"中国消灭脊髓灰质炎证实报告签字仪式"举行，已经 74 岁的顾方舟作为代表，签下了自己的名字。当顾方舟 1957 年开始脊

## 第四章 用创新点亮人生

髓灰质炎研究时,未曾想到这件事成了他一生的事业。

顾方舟,原籍浙江宁波,出生于1926年,作为我国第一批留苏学生,1951—1955年就读于苏联医学科学院,回国后从事病毒学研究,投身公共卫生事业。1955年脊髓灰质炎在江苏南通爆发,并迅速蔓延至青岛、上海、南宁等地,顾方舟临危受命。

◆ "一生一事"的顾方舟

当时国际上存在"死""活"疫苗两种技术路线。"死疫苗"是比较成熟的路线,但使用复杂:要打三针,每针几十元钱,过一段时间还得补打第四针,还需要培养注射疫苗的专业队伍,这在当时并非易事;而"活疫苗"的成本只是死疫苗的千分之一,但因为刚刚发明,药效和不良反应还是未知数。顾方舟决定大胆创新,带领团队离开繁华的北京来到云南昆明远郊的一片荒山,挖洞、造房,建起实验室,与死神争分夺秒研制疫苗。疫苗试验需要在人身上检验效果,顾方舟义无反顾地喝下一小瓶疫苗,疫苗还需证明对小孩安全才行,他瞒着妻子给刚刚满月的儿子喂下了疫苗。

1960年,经过反复探索实验,他再次创新,找到了简单的服用方法,把疫苗做成小朋友喜欢的"糖丸"。1994年至今未发现本土脊髓灰质炎病例。有人说,顾方舟是比"院士"还院士的科学家,而他却谦逊地说:"我一生只做了一件事,就是做了一颗小小的糖丸。"顾方舟的成就,正是源于他践行"简单"的创新路线。

2019年的第二天,顾方舟在熟睡中去世,享年92岁,妻子送他的挽联是:"为一大事来,鞠躬尽瘁;做一大事去,泽被子孙。"

## 用奋斗托举梦想

历史是公正的，在新中国成立 70 周年前夕，顾方舟被授予"人民科学家"国家荣誉称号，真乃实至名归！

### 五 "创新奇人"褚时健

◆ 敢于创新的褚时健

褚时健是中国企业界举足轻重的人物。他的人生几经起落，早年辍学、种地、烤酒，而且还扛过枪；1959 年赶上了"右派"厄运，却依然埋头创业办糖厂，创办了令当地人羡慕的企业。1979 年，已经年过半百的褚时健接受玉溪卷烟厂厂长职务，用 17 年时间将其打造成亚洲第一、世界第五的烟草集团企业，1994 年当选全国"十大改革风云人物"，年上缴税利 300 亿元，撑起了当年云南省税收的半边天。他创造了奇迹，达到了人生巅峰。

然而因在每年创造百亿税收，与自己仅拿 1 000 元月工资的巨大落差中，褚时健收下了外商的一笔"赠款"，犯了贪污罪，1999 年被判处无期徒刑，同时遭遇妻子坐牢、女儿自杀、儿子出走，可谓"家破人亡"，跌入了人生低谷。

2001 年，褚时健因病从监狱出来保外就医，70 多岁高龄的他重新创业，承包了 2 000 多亩橙园，又用 17 年时间，扩大到一万多亩，并创造了"褚橙"品牌，销往全国各个角落，被人们誉为"励志橙"而争相购买。2014 年，已挂果的 2 400 亩"褚橙"园，总收入达到 1.012

亿元，亩产值4.2万元，净利润7 071万元、每亩2.9万元，令同行咋舌，以耄耋之躯创造了又一个人生奇迹。且听当时褚时健的心声："回想这么多年来，我自己做得最问心无愧的就是：没有庸庸碌碌地生活。我曾经有过令人羡慕的辉煌，也跌落到人生的最低谷。不管在什么阶段，我都在全心全意地做事，一个人不虚度光阴，对国家对社会有贡献，人生才有价值。"人们佩服他在遭遇事业和家庭的双重打击之后的坚强豁达，我更钦佩他可贵的创新精神。

**"第一车间"** 办烟厂时，他认准"三分设备，七分原料"，认为高质量的烟叶是提高卷烟质量的基础，为此他自建烟草基地，面积从2 400亩扩大到130万亩，并且把基地定为"第一车间"，这是典型的政策创新和管理创新。在烟草基地，他做了三点改革：一是施肥从每亩40千克提高到100千克，并重新确定氮、磷、钾的比例；二是每亩地的种植数量从2 000棵减少至1 100棵；三是烟叶采摘期从8月推迟到10月，必须等到烟叶长出斑点，才能制作出真正的"香"烟，这是技术创新，又是管理创新。

**创新种橙模式** 褚时健尝试以工业的方式管理传统农业，又获得成功。在把农技人员有关橙树种植的书都消化了一遍后，亲自试验，在橙园又开展了三个创新：一是提高磷肥、钾肥、有机肥的比例，解决了果子的口感问题；二是果树密度由一亩140多棵减少至80棵，农户砍一棵补助30～40元；三是橙园春夏秋冬都"控梢"，他的技术指导手册里有一条白纸黑字的规定：嫩梢在10厘米之内必须剪除干净，"我们一年四季都在剪枝，这是老板的独创"，他的作业长如是说。各条措施到位，褚橙每亩产果4～5吨，突破了美国、澳大利亚等国的"国际水平"。

# 第五章 勇于冒险胜过谨小慎微

## 一 胆怯与鲁莽之间是智慧

"勇于冒险胜于谨小慎微",是两千年前古罗马历史学家塔西佗的名言。"冒险",乍听是贬义词,实际上是成功者必须具备的可贵品质。这种冒险不是蛮干,而是对自己的行动以及后果的深思熟虑,并能承担最坏后果的决定和行动。

俗话说"胆大做将军",伟大的政治家、科学家、军事家、企业家都有超乎常人的冒险精神,正是这种冒险的精神,才铸就了他们的伟大。作为普通人,要想做出出类拔萃的业绩,就必须要有冒险精神。

习近平总书记说:"做事总是有风险的。正因为有风险,才需要担当。"如果万事谨小慎微,奢求毫无风险,遇事总是把"小概率"事件放大,畏葸不前,就会失去许多成功的机会。

航天员每次出征都是一次生命的冒险,正是他们勇于冒险的精神,才铸就了我国"航天大国"的地位。

## 第五章　勇于冒险胜过谨小慎微

港珠澳大桥岛隧工程项目总工程师林鸣，2015年与我同时被评为全国劳动模范，他说："海底沉管隧道精准施工成功靠'人努力、天帮忙'"，天帮忙是客观条件，而"人努力"则是主观的敢于冒险的魄力。

中国科学院院士、原上海天文台台长叶叔华94岁时谈人的主动性时说："办一件事，只有40%的把握，停在那不动，就会慢慢变成零；如果积极争取，可以变成60%、70%，最后做成。"

我也有过多次冒险，当然都属于小风险。

**用英语宣读论文**　1994年送国际会议的论文，被录用了，且成为"传真来排为中国人录用15篇中的第一篇"，彼时我想，自学英语已二十多年，这次到了"是马是骡得拉出来遛一遛"的时候了，我冒险用英语宣读论文，当时出席会议的70多位中国代表中，用英语读论文的仅两位，结果被翻译评价为"你的发言效果是很好的"。有了这第一次冒险的成功，才有了此后十次在国际会议上用英语宣读论文的底气。

**用喷灌除霜防冻**　装喷灌本来是为了抗旱，2002年我听茶农说每年三月有"倒春寒"，下霜时春茶嫩芽受冻，经济损失很大。我采用物理学上"液体凝结成固体时会放出热量"的原理，让农民在降霜时用喷灌洒水，让结冰时发出的热量保护茶芽。2004年3月的一个晚上，一位大户来电话说："奕老师，不好啦，喷水后茶树上都挂满冰凌，会死吗？"我说："不用怕，冻死了我会赔你的！"嘴上这么说，但我心里却很"虚"，春茶每斤1 000元，如真死了我还真赔不起！到了第二天晚上，那农户又打电话来报喜："请你放心，喷到水的茶树冰融化后茶芽还是绿的，春茶保住了；而喷不到水的茶树，茶芽发红，萎掉了。喷灌除霜成功啦！"

喜悦之情溢于言表，这是一次成功的冒险！

**用奋斗托举梦想**

## 二 "冒险"的格言警句

翟志刚："我好动，不好静；好冒险，不好保守。所有具有挑战性的事情，包括游戏都喜欢。"（特级航天员）

俞敏洪："学会自信而理性的冒险。不要为了避免危险而变成胆小鬼，一定要做有一定把握的、但有一点冒险的事情，这是成就事业的最好方法……"（新东方教育集团创始人）

马化腾："一个希望成功的人，会敢于冒很大的风险。"（腾讯公司董事会主席）

尼克松："要创造历史，总是要付出代价的。一个不敢冒险的人，是难以办成大事的。"（美国前总统）

霍金："人生的精彩在于探险。"（英国剑桥大学教授）

海伦："生命要不然是一场大冒险，要不然就是一无所有。"（美国著名盲人女作家、社会活动家）

塞万提斯："真正的勇气在极端的胆怯和鲁莽之间。"（文艺复兴时期西班牙小说家）

塔西佗："有冒险才有希望。"（古罗马伟大的历史学家）

洛克菲勒："我们必须在冒险与谨慎之间做出选择，而有些时候，靠冒险获胜的机会比谨慎大得多。如果你想冒险却不想失败，记住一句话：大胆筹划、小心实施。"（美国实业家、美孚石油公司创始人）

## 三 "战地记者"水均益

水均益1963年出生于兰州，祖籍浙江宁波。2014年，水均益携妻子来到宁波市鄞州区横街镇水家村，探访祖上的渊源，与"水家"亲人相认。宁波有"水"姓我印象很深，因为鄞州水利局曾有一位"水局长"。水均益1984年毕业于兰州大学,进入新华社任国际部编辑、记者;1993年调入中央电视台,担任新闻频道记者,期间多次奔赴战场:1991年前往战地参加海湾战争报道;1992年对波黑战争进行报道;1998年赴伊拉克采访美国"沙漠之狐行动";2001年阿富汗反恐战争期间多次赴战地报道;2003年飞往伊拉克,在战地对美伊战争进行全面报道。人们无数次从电视中看到他头戴钢盔,身穿笨重的防弹背心,在枪弹的呼啸声中发回前线视频报道的英雄形象。

◆ 水均益在采访基辛格(1993)

在他的记者生涯中,先后采访过前美国国务卿基辛格、法国前总统希拉克、前联合国秘书长安南等上百位名人政要,其中采访普京五次,足迹遍布全球。为什么有那么多外国政要愿意接受他的采访?一是信任他过硬的业务素质;二是欣赏他"战地记者"敢于冒险的特殊经历。水均益于2003年被授予"中国十大杰出青年"称号,多次荣获"金话筒"奖和央视十佳主持人奖,可以说是"敢于冒险"的品格成就了他的人生。

## 四 "南沙海战"中的冒险

1987年,应联合国科教文组织的要求,我国政府决定在南沙群岛建一座海洋观测站。1988年3月13日,中国海军奉命派出三艘护卫舰赴南沙群岛赤瓜礁附近进行考察,编队指挥为海军基地参谋长陈伟文。3月14日,越南海军3艘舰船窜到赤瓜礁海区进行挑衅活动,并派出

## 用奋斗托举梦想

43 名海军人员强行登上赤瓜礁，无视中国考察人员警告而首先开枪，陈伟文忍无可忍，果断下令："还击！打沉它！"仅用时 48 分钟，就击沉越舰 2 艘、重创 1 艘，越军伤亡 300 余人，被俘 9 人，而我军仅受伤 1 人，取得了辉煌战果。这次战斗是一场速决战、漂亮仗，打出了中国海军的威风，真让国人扬眉吐气！

◆ 陈伟文少将

但这一仗是没有得到上级"开火"命令的冒险之战。

陈伟文率队回基地时，没有欢迎英雄凯旋的仪式，而是一上岸就被进行严格审查。原来当时的大局是我国正要加入世界贸易组织，希望中越关系缓和，所以中央对这次行动非常谨慎，在陈伟文出征南沙前夕，上级首长给他下达了"不能做笔记"的指示："不主动惹事、不首先开枪、不示弱、不吃亏、不丢面子，如敌人占领岛屿，则强行把他赶走。"他默默地记为"五不一赶"，其实这些指示在实战中极难把握。

审查结论是陈伟文指挥得当。当月底由中央军委主席邓小平签署的嘉奖令："在这次战斗中，我海军参战部队坚决执行军委指示，坚持自卫的原则，反应快速，作战英勇，指挥得当。"同年 9 月，陈伟文被破格授予海军少将军衔，此后进入南京海军指挥学院、中央党校进修。然而其职务没有相应晋升，而且 1990 年调离一线指挥岗位，并于 1995 年光荣退休。

30 多年前，陈伟文的一次冒险，不但没有影响后来（2001 年 12 月 11 日）我国加入世界贸易组织的大局，反而在南海打下了战略支撑点，填补了我国在南沙控制的空白。如没有南沙之战,这些岛礁有可能至今还被越南占领着,中国在南海仍无立足之地。

在这次战斗中,冒险抓住越军枪杆、英勇负伤的战士杨志亮因流血过多而昏迷4天3夜,战后荣立一等功。经过30年的磨炼,杨志亮于2019年任南部战区海军政委,并晋升为中将军衔。

◆ 光荣负伤的杨志亮　　　　　◆ 杨志亮中将(2019)

党的十八大以后,我国迅速在南海开展填岛行动,在碧波万顷之中填出永暑、美济、渚碧等3个岛屿,总面积2万多亩,并一举建成3个机场,终于奠定了中国今日在南海稳如泰山的大局。

◆ 面积2.8平方公里的永暑岛(引自百度)

2019年,82岁高龄的陈伟文少将和57岁的杨志亮中将同时被评为"人民海军70周年突出贡献个人",祖国和人民永远铭记为捍卫国家利益敢于冒险的英勇将士!

# 第六章　榜样的力量无穷

## 一　榜样是精神支柱

作为万物之灵的人类，总是以光辉的先例作为自己追求的榜样。

有位邻居问我，一辈子刻苦学习，数十年积极工作是怎样坚持下来的？我说，一是心中有榜样，有精神支柱，因而逐渐成为自觉的行动；二是有荣誉的激励，每一项荣誉都有"先进"的含义，应该名副其实、对得起这些荣誉。我的榜样是革命导师、科技专家、文学巨匠、企业家等，特别是那些身残志坚的楷模。

◆"民族魂"鲁迅先生（引自百度）

**鲁迅**是我最早的偶像。小时候暑假、寒假去绍兴老家，总要去鲁迅纪念馆看看，特别是从语文中读了鲁迅的《从百草园到三味书屋》以后，更想去"百草园"捉蟋蟀、爬皂荚树，对我影响最大的名言是：

## 第六章 榜样的力量无穷

"哪里有天才,我是把别人喝咖啡的工夫都用在了工作上。"

著名诗人臧克家给鲁迅的挽联:"有的人活着,他已经死了;有的人死了,但他还活着!"鲁迅于 1936 年去世,80 多年过去了,至今还是入选中学语文课文最多的作者,是真正的"还活着"!

"横眉冷对千夫指,俯首甘为孺子牛。"鲁迅以笔为"匕首",为民族的解放呕心沥血,2009 年作为"左翼文化运动的旗手",被评为"100 位为新中国成立作出突出贡献的英雄模范人物"。

**华罗庚** "初中文凭"——是他终生最高的文凭,却成为蜚声中外的数学家,这是使我感动的"起点"。华罗庚虽因病左腿残疾,却从 20 世纪 60 年代开始把数学方法应用于化工、电力、煤炭、机械、医药、农业等领域,在工农业生产第一线,到处都留下了他推广"优选法"和"统筹法"的艰苦足迹,取得了巨大的经济效益,被誉为"人民数学家"。胡耀邦在给华罗庚的信中说:"几十年来,你给予人们认识自然界的东西,毕竟超过了自然界赋予你的东西。"

◆ 华罗庚

1971 年,我出差到哈尔滨轴承厂,厂内"热烈欢迎华罗庚同志到我厂宣讲优选法"的大幅标语赫然在目(当时不能称"教授"。因为这个头衔是"反动学术权威"),给我留下深刻的印象。一位数学大师热心科普,给我很大的启发。技术只有推广才能实现价值,这成为我工作几十年中热衷于技术推广的动力之源。这位大师对我影响最大的名言是:"天才在于积累,聪明在于勤奋。勤能补拙是良训,一分辛苦一分才。"

## 用奋斗托举梦想

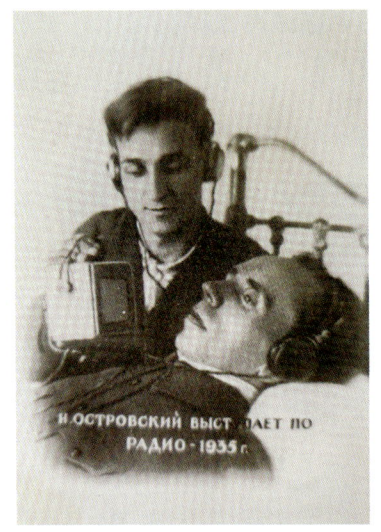

◆ 奥斯特洛夫斯基发表电视讲话

**奥斯特洛夫斯基** 我18岁时读到《钢铁是怎样炼成的》，该书保存至今，封面已几次加固。书中保尔·柯察金的名言"人的一生，应当这样度过：每当他回首往事的时候，不会因虚度年华而悔恨，也不会因碌碌无为而羞耻。"与同年读到的毛主席语录"人是要有一点精神的"一起，激励我至今五十余年，似乎成了我的座右铭。《钢铁是怎样炼成的》这部小说之所以感动我，主要是作者本人就是苏联的英雄：15岁参加红军，多次负伤，23岁时瘫痪，26岁时动完第九次手术；双目渐渐失明，但治疗期间他大量阅读普希金、托尔斯泰、契科夫、高尔基等作家的文学作品。他以《牛虻》为榜样，历时三载，克服难以想象的困难，创作了《钢铁是怎样炼成的》这部不朽之作，实现了重返战斗岗位的理想。30岁时小说出版，31岁获得"列宁勋章"，32岁完成另一部小说《暴风雨所诞生的》，8天后与世长辞，成为一代又一代苏联青年、中国青年乃至世界青年的楷模，其中也包括我。

**海伦·凯勒** 美国著名女作家、教育家、社会活动家海伦·凯勒（1880—1968），在出生19个月时因患急性脑膜炎，让她失聪又失明，但她与命运顽强搏斗，成为美国著名的

◆ 海伦·凯勒的代表作

妇女领袖。她 1968 年去世，享年 88 岁，其却有着 87 年生活在无光无声的世界里的时光，在此期间完成了 14 部著作，曾经获得"总统自由奖"。她不屈不饶的奋斗精神，带有传奇色彩的生命永远载入了史册。著名作家马克·吐温评价："19 世纪出了两个了不起的人物，一个是拿破仑，一个就是海伦·凯勒。"

海伦的名著《假如给我三天光明》，这书名就给人以凄凉和悲壮，其给我的启迪是：我们这些四肢健全、五官不缺的人，每天都有光明，如果浪费光阴，实在汗颜。我记住的海伦名言是："只要朝着阳光，便不会看见阴影。"

## 二 "榜样"的格言警句

**爱因斯坦**："最好的教育方法是要有榜样，榜样的力量无穷。""只有伟大而纯洁的人物榜样，才能引导我们具有高尚的思想和行为。"（美国和瑞士双国籍物理学家）

**罗·阿谢姆**："一个榜样胜过书上二十条教诲。"（十六世纪的英国作家）

**法捷耶夫**："青年的思想愈被范例的力量所激励，就愈会发出强烈的光辉。"（苏联知名作家）

**威·亚历山大**："命令只能指挥人，榜样却能吸引人。"（当代英国画家）

**英国谚语**："好的榜样是看得见的哲理。"

**丹麦谚语**："好榜样就像把许多人召集到教堂去的钟声一样。"

**法国谚语**："启迪在教诲，成事在榜样。"

**希腊谚语**："用道德的示范来造就一个人，显然比用法律来约束他更有价值。"

## 用奋斗托举梦想

### 三 "轮椅上的梦者"——张海迪

中国著名残疾人作家、哲学硕士、英国约克大学荣誉博士，从2008年开始连续担任中国残疾人联合会第五、六、七届主席团主席的张海迪，在1960年5岁时，因患髓血管瘤造成高位截瘫，在残酷命运的挑战面前，她并没有沮丧和沉沦。没有机会进校门，她就发奋努力，自学了小学和中学的全部课程，并学习针灸，在当地行医助人。

◆ 张海迪的代表作

1983年，张海迪被团中央授予"优秀共青团员"光荣称号。她自学了大学英语、日语、德语和世界语，并开始从事文学创作。20世纪80年代，她胸部以下全部失去知觉，但仍然在轮椅上奋斗，攻读了大学本科和研究生课程，先后翻译了数10万字的英文小说，并出版长篇小说《向天空敞开的窗口》《轮椅上的梦》以及散文集《生命的追问》等文学作品。张海迪的故事感动和激励了整整几代人，被誉为"当代保尔"，在我心目中她是中国的海伦·凯勒。

我记住她的名言是：

"即使翅膀断了，心也要飞翔；只要心还在跳，就要努力学习。一百次倒下，就要一百零一次地站起来！"

"虽然我这么多年没有跳过舞，但是我一直没有停止生命的舞蹈，我想生命的舞蹈可能比现实的舞蹈更美丽。"

## 四 "用右手撑起天空"的张超凡

张超凡，是我2017年读到的《生活总会厚待努力的人》的作者，这书名就是她对奋斗人生的深刻领悟。张超凡，正如她的名字，极其与众不同。张超凡出生于1992年，出生时就被命运夺去了左臂，但这并不妨碍她顽强拼搏的意志和决心，用右手撑起一片天空，在超凡脱俗中梦想成真，"丑小鸭"终于变成了"白天鹅"。

张超凡4岁开始学习国画和书法，9岁考满国画专业九级，获全国美术特

◆ 张超凡和她的著作（2015）

长生状元，以全国文化课总分第一的优异成绩考入北京工商大学。大学期间不但保持成绩全系第一，还包揽了国家奖学金、北京市三好学生等所有学生时代的最高荣誉，是名副其实的"美女学霸"。日后她考取了吉林艺术学院国画专业的研究生，开始了阳光、青春、向上的新征程。

"天行健，君子以自强不息"，张超凡乐观、坚强、拼搏，大学毕业后创办了国学书画院，成了自主创办的艺术培训学校的90后校长，为知名学府输入生源达1 000余名；她在8年时间里走进部队、高校及贫困山区，作了500余场公益励志演讲。

2016年，中央电视台《焦点访谈》播出其专访《90后：出彩的青春——张超凡》，2018年获中央文明办"中国好人"称号，中国残联一位副主席盛赞她"超凡的气质、超凡的智慧、超凡的奇迹"。2020年4月，张超凡获得团中央授予的"中国青年五四奖章"。

**用奋斗托举梦想**

这里摘录张超凡的闪光语言——

◆ "一个女孩的颜值不等于她的价值,当一个女孩的颜值和她的气质再乘以她的读书、生活、阅历,以及她生活中的爱和期待后,她的总分就很高。"

◆ "生活不像我们想象的那么好,也不像我们想象的那么差,有时候我们的脆弱和我们的坚强,真的会超乎自己的想象,就看你有一颗多么强大的内心,能够推动着你,做到最好的完美。"

◆ "青春,就是用来去奋斗、去拼搏的。我觉得青春就是要创造无限的可能、发现无限的可能,把各种可能做到一个自己认为的极致。"

张超凡这个折翼的天使乐观、坚强,才华横溢、光芒四射;是新时代青年自强不息的优秀代表。

我发现榜样会"传代":是海伦"传"给了张玲玲,并把名字改成了"张海迪",也造就了张海迪;又是张海迪"传"给了张超凡,使她人如其名,超凡脱俗,影响了当代年轻人!

20世纪八九十年代,青年的榜样是张海迪;

在21世纪、新时代,青年的楷模是张超凡。

善于从历史和生活中寻根找样,默默地向他们学习,纵然不能超越他们,也会使自己变得更加优秀。

## 五 丁肇中:"专心+刻苦+努力"

我从网络上发现一则视频,是记者吴向东对著名华裔物理学家、诺贝尔物理学奖获得者丁肇中的访谈,顿时"爱不释手",记录如下:

吴:很多人都认为你是天才,你怎么认为呢?

丁:绝对不是,那绝对不是!

吴:但你有天分?

丁：不，我比较努力。

吴：你刚才说了"天分很重要"。

丁：天分很重要，不过我认为最大特点是比较专心。

吴：这种专心、刻苦、努力与一般说的刻苦有什么不一样？

丁：嗯，就是说我有时候白天晚上都在实验室，记得年轻时在德国，有时候可以三天三夜在实验室，白天工作，晚上也工作。

吴：可以这样理解，在你的概念里，你把刻苦做到了极致，不给自己留一点余地，这是不是也是一种天分？

丁：这是一种集中力！

该视频的标题恰恰是点睛之笔：

"人生的光亮就来自这些榜样人物"！

◆ 诺贝尔奖得主丁肇中（引自百度）

# 第七章　感恩是人生智慧

## 一 感恩是成功的阶梯

"感恩是成功的阶梯，抱怨是成功的坟墓。"

感恩是一种宝贵的品质，2005年《人民日报》有篇评论："感恩是一种生活态度，一种处世哲学，懂得感恩的人总会对社会、对他人充满感激，并将感激转化为刻苦学习、勤奋工作、奉献社会的实际行动。"我读了感到很亲切，并产生了共鸣。

有一本殷红封面的书——《感恩的心》，其开宗明义：一个人赤条条来到人间，应该感谢父母给了我们生命，并抚育我们长大成人；感谢老师给我们修养和文化，给我们放眼世界的慧眼；感谢单位给我们实现人生价值的平台，并让我的劳动得到精神和物质的回报；感谢领导对我的知遇之恩，让我在人生舞台上最大限度地发挥自己的潜能。

这本书使我明白了感恩的维度，只有感恩家庭，才能快乐生活；只有感恩单位，才能愉快工作；只有感恩社会，才有幸福的人生。所以，我常怀感恩之心。

小时候听大人说"爹多有饭吃、娘多有衣穿",经过"文化大革命",才知道国家的命运与每个人的命运休戚相关。我从心底感谢毛主席创建了新中国,让我读完初中,有了自学的基础;感谢邓小平拨乱反正,给了我读大学的机会,并享受全额助学金,从每月13元到16元,最后一年达到18元5角,是当时普通职工工资的一半。我家四兄弟我是老大,当时已结婚并有了孩子,妻子在社办企业工作,每月只有8元工资,如果没有奖学金,大学生活难以为继;大学毕业后,感谢有了"铁饭碗",没有后顾之忧,才能几十年如一日潜心于"把技术转化为生产力",转化为农民的收入和社会的节水效益;这几十年,感谢家人的支持,让我能全身心地投入到工作中;同时,感谢单位同事、农民朋友和各级领导的支持,使我的每一项创新技术都能在全市乃至全省、全国推广应用。正如一位好友说的:"成也时代、毁也时代,感恩赶上了好时代。"

在2015年出版的《喷滴灌效益100例》后记中,我列出了当时要感谢的所有人名单,从单位同事、农民朋友、灌溉企业、媒体记者,到县、市、省、部各级领导、教授、院士等共达324人。

## 二 "感恩"的格言警句

**陆道培**:"人活一辈子,要常怀感恩之心。感恩既是一种处世哲学,也是生活中的大智慧。感恩要用行动、用语言表达出来,而也只有这样的感谢才是双向的、流动的、有反馈的。"(中国工程院院士,造血干细胞移植奠基人)

**鲁迅**:"感谢命运,感谢人民,感谢思想,感谢一切我要感谢的人。"(著名文学家、思想家、革命家)

**郑世云**:"人,在感恩中成长,在回报中成熟,花开花落,都是一

场感恩的仪式。"(韩国流行乐歌手）

**居里夫人：**"不管一个人取得多么值得骄傲的成就，都应该饮水思源，应当记住自己的老师为他的成长播下最初的种子。"（法国著名波兰裔科学家、物理学家、化学家）

**卢梭：**"没有感恩就没有真正的美德。"（法国18世纪思想家、哲学家、文学家）

**列宁：**"爱国主义是千百年来固定下来的对自己的祖国的一种最深厚的感情。"（马克思主义者、苏联主要缔造者）

**雨果：**"卑鄙小人总是忘恩负义的，忘恩负义原本就是卑鄙的一部分。"（法国19世纪浪漫主义文学作家）

**戈尔泰：**"当我们是大为谦卑的时候，便是我们最近于伟大的时候。"（印度诗人、文学家、社会活动家）

**伊索：**"那些忘恩的人，落在困难之中，是不能得救的。"（古希腊哲学家、文学家）

## 三 不要让别人把我们落得太远

爱国，是最大的感恩。1948年8月，24岁的邓稼先赴美留学，出发前对朋友说："祖国建设需要人才，我学成一定回来。"1950年8月，仅用一年零八个月的时间，邓稼先获得美国普渡大学物理学博士学位，仅过了8天，他就登上"威尔逊号"轮船回国。

1957年，国家交给他"放一个大炮仗"的任务。回到家里，他与妻子许鹿希有如下对话：

邓："我要调动工作了。"

许："调到哪里呢？"

邓："这不知道。"

许:"干什么工作?"

邓:"不知道,也不能说。"

许:"那么到了新的地方,给我来一封信,行吧?"

邓:"大概这些都不行,我今后恐怕照顾不了这个家了,这些全靠你了……我的生命就献给未来的工作了。做好了这件事,我的一生就过得很有意义,就是为它死了也值得。"

从此邓稼先隐姓埋名,承担领导研究我国第一颗原子弹的理论设计任务。

1964年,我国第一颗原子弹爆炸成功后,邓稼先的岳父许德珩高兴地问与他同任全国人大常委会委员的中国科学院副院长严济慈:"原子弹是哪些人搞的?"严济慈笑着回答:"问你的女婿去!"

1971年杨振宁回国,开出要见人员的名单,第一个就是邓稼先。

1979年一次核弹试验出现事故,邓稼先不顾领导劝阻,毅然冲向危险区域找到事故残弹,这是个含有剧烈放射性物质的物体,如果该物质进入体内,仅1克就可以毒死100万只鸽子。邓稼先这次找寻残弹遭受到致命的放射性钚辐射伤害。

1985年7月,邓稼先被查出患有恶性程度很高的直肠癌,住院期间还忍痛

◆ "两弹元勋" 邓稼先

讨论和撰写建议书,详细提出核弹发展的十年规划。这一年他获得两项科技进步特等奖,杨振宁探望他时问他"两弹"的奖金数目时,邓稼先回答:两个都是10元。

1986年4月,邓稼先以第一作者署名向中央上交"十年规划",6

## 用奋斗托举梦想

月医院发出病危报告，中央军委指示对邓稼先身份解密，予以宣传报道，中央媒体都以《"两弹"元勋邓稼先》为标题迅速报道，邓稼先默默无闻28年，为我国核弹事业奉献生命的事迹才为国人所知晓。1986年7月17日，李鹏副总理到病房向他颁发全国劳动模范的奖状和证书，邓稼先诚恳地说："核武器事业是成千上万人的努力才能取得成功的。""我只不过做了应该做的工作，只能作个代表而已。"这是一个老实人说的老实话。

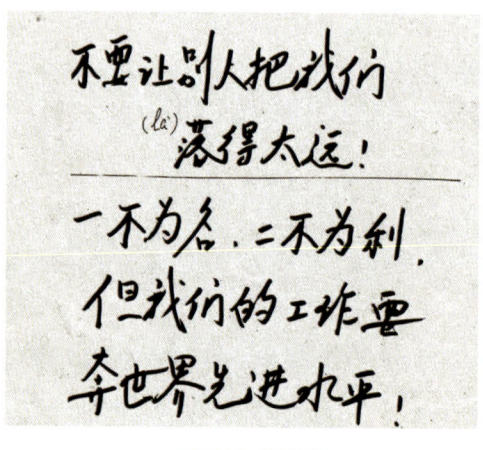

◆ 邓稼先的绝笔

1986年7月29日，就在获得全国劳动模范的第12天，距他身份解密不到两个月，邓稼先与世长辞，永远定格在63岁，过早地离开了他无限忠诚的祖国和亲人。在生命的尽头，邓稼先用无力的手写下最后一句话："不要让别人把我们落得太远！一不为名，二不为利，但我们的工作要奔世界先进水平！"这是邓稼先爱国之心最朴素的表达，从而也说明他是一个真正伟大的人！

1999年9月，邓稼先被追授"两弹一星功勋奖章"。

我从党中央破格授予邓稼先"全国劳动模范"这项表彰中，强烈感受到这一荣誉的无比崇高，这也激励我倍加珍惜这份来之不易的荣光！

### 四 普京冒险救恩师

1970年，18岁的普京考入圣彼得堡大学法律系，索布恰克是他的经济学教授。大学毕业时，教授在他的论文上写了一个大大的"优"字，并赞誉说："小伙子，我没有看错你，相信你将来一定是个不错的

## 第七章 感恩是人生智慧

人才！"毕业后，普京请老师在自己就业上拿主意："老师，我想参加苏联国家安全委员会，但一直拿不定主意，所以请您指点。"

索布恰克吃了一惊，这个委员会就是克格勃，是个只对苏共中央政治局负责的特权单位。普京解释说："正因为它有特权，想怎么干就怎么干，我才觉得那是男人干一番事业的地方。"索布恰克支持普京的想法，普京就这样进入了克格勃。不久，索布恰克弃教从政，并于1989年当上了圣彼得堡市市长，并把普京调到身边当助理，很快升任第一副市长，成为索布恰克忠实而得力的助手。

**"棕熊拯救普京"** 叶利钦在任时，被时任圣彼得堡市长索布恰克邀请到该市散心，在招待叶利钦的宴会上，普京因他的伏尔加汽车抛锚而迟到了一个小时，当时叶利钦对他的第一印象是：这个年轻人是个迟到者。

◆ 普京说："有这张照片，但不是真的"

机遇就这样不期而遇，宴会期间旁边的树林里突然窜出一头硕大的棕熊，咆哮着向众人扑来，首当其冲的正是叶利钦，紧急时刻叶利钦和身边的人都惊慌失措，大家都钻到桌子底下。说时迟、那是快，只听"呯、呯"两声枪响，棕熊应声倒地，叶利钦得救了，定神一看，开枪的正是刚才那位迟到者——普京。普京的临危不惧和果敢淡定震撼了叶利钦，回到莫斯科后，叶利钦就很快把普京调到身边。金一南教授开玩笑说，是那头棕熊拯救了普京、拯救了俄罗斯。还有人揶揄道：普京迟到的原因可能是在布置那头棕熊！

**冒险救恩师** 1991年12月25日，时任前苏联党政一把手的戈尔巴乔夫宣布辞职，把权力移交给新当选的俄罗斯总统叶利钦。让普京没有想到的是，自己的恩师索布恰克与叶利钦是政治上的宿敌，遭到了

## 用奋斗托举梦想

叶利钦的打击报复，直至1996年受到软禁。此时普京表现出一个学生、部下对老师和上级的忠诚，他说了一句后来被俄罗斯媒体广泛报道的话："我宁愿因忠诚而被绞死，也不愿为了偷生而背叛。"

1997年9月，普京获知索布恰克马上要被最高法院审判，他马上秘密找到老师真诚地说："老师，没有你当年的指引，就不会有我的今天，做人不能忘恩负义，我一定要想办法救你！"

普京通过1985年在克格勃时由他营救过的朋友，名义上花1万美元，实际上只花了200美元，租借到了一架波音747飞机，像上演惊险大片一般，把恩师送上飞机后说："一人做事一人当，老师，我就不送你了，明天我会向总统自首，我已安排人在法国巴黎机场接您，多保重！"普京已经准备好，叶利钦会以叛国罪判处自己极刑。第二天他来到叶利钦办公室，把事情的前前后后和盘托出："……总统，我辜负了您的栽培，但他是我的恩师，我必须这样做！"

◆ 叶利钦："就当这事没发生过"

让普京没有想到的是，叶利钦站起身来，在办公室里转了好几圈没说话，忽然笑了起来："弗拉基米尔，你知道我为什么器重你吗？就因为你身上有两个别人所没有的优点，一个是具有军人的气质和果敢，另一个是对朋友的态度。……好了，就当这事没发生过，我还有更重的担子要让你挑呢！"

1999年的最后一天，叶利钦把总统宝座交给了普京。

# 第八章　机遇使人辉煌

## 一　机遇"两点论"

机遇，顾名思义就是"遇到的机会"。

有句话说："勤奋使人小康，机遇使人辉煌。"

北京师范大学原校长王梓坤说："名人所以有名，七分业务三分机遇也，三分虽少却是万万缺不得的。"可见机遇的重要性。

机遇、"好运"是客观存在的，例如一项好的政策、一家好的单位、一位好的领导；一个好的家庭、一位好的老师、好的朋友等。所以承认机遇的作用是唯物主义的，但机遇可遇而不可求。对待机遇应该是"两点论"：一是不能守株待兔、消极等待；二是只有主动准备、才能抓住机遇，因为"机遇只垂青那些有准备的人"。

家乡有句老话："鱼来网凑"，朴素、传神，道出了机遇和努力的关系，"鱼来"是客观机遇，"网凑"是主观努力，平时把网准备好，鱼游过来时就能网住。

我推崇这句话："好梦自己圆、万事靠人帮"。它精辟阐明了"自身

## 用奋斗托举梦想

奋斗"与"贵人相助"两者之间的辩证关系，当然是以前者为主。只有自己努力，贵人才会相助，机遇才能相遇，这是我给年轻学子做励志报告的重要论点。

这里介绍我的三次机遇。

**最大的机遇** 1977年7月邓小平同志复出，8月就果断决定恢复高考制度，成为"文化大革命"后我国教育界拨乱反正的第一件大事，而且破格同意"老三届"可以报考，让我这个10年前的"老初中"也可以参加高考，正因为这十年中我在不断"补网"、悄悄"准备"，所以才网住了"大鱼"，抓住了这个历史性的机遇。

**意外的机遇** 2015年3月29日，宁波市委常委会审定全国劳动模范名单时，市委书记看到我名字时表示了质疑的态度，原来2014年初我在人代会上，面对他大声疾呼"姚江东排工程"，给他留下了不舒服的印象。幸亏，此时有位常委说："我了解，这位同志总体上是很好的！"才使这位市委书记改变了口气说："现在当全国劳动模范了，以后更加要讲党性了！"谢天谢地，关键时刻有这位常委"仗义执言"，也谢天谢地，这位刘书记的心胸还是比较宽广的，要是他耿耿于怀说上一句："没有更好的吗？"那么其他常委就很难说话了，那我这全国劳动模范也就"因公牺牲"了！这是意外的机遇，但这关键时刻为我说公道话的常委是谁呢？至今还是个谜。

**擦肩而过的机遇** 邻居叔叔在担任宁波市政协秘书长期间，于2001年组织"宁波市水资源节约与保护"专题论证会时，提议我为"农业节水"专家组成员，还指定我为"专题报告"的执笔人。这个组9位专家来自宁波市计委、水利、农业、科技等部门，经过半年多的辛勤工作完成了课题，由我向宁波市政协和市政府领导汇报，结束时主持会议的宁波市政协主席叶承垣点评，说我"把农业节水的问题讲透了"。几天后叔叔来电话，说叶主席要宴请几位专家，请我过去。我说其他专家都在宁波，我在余姚就不去了，叔叔说："叶主席在常委会上表扬了你，你是他点了名的，一定得来。"那天，我在走进餐厅时发现，我的位置被安排在叶主席的旁边，刚坐下叶主席又赞扬我几天前的汇报："你不仅讲得很有新意，关键是把这个问题讲透了，我就喜欢办事认真的人，一个人不在于把事情办多，而在于办成几件事。"然后问我："你多大岁数了？"我如实交代："50岁！"他似乎一愣，显然意外了，然后就换了话题。事后叔叔告诉我："本来叶主席准备把你推荐到政府部门工作，这是一次很好的机遇，才知你年龄偏大了。"叔叔不无遗憾地感叹道："你在宁波出名太迟啦！"

## 二 "机遇"的格言警句

邓小平："我就担心丧失机会，不抓呀，看到的机会就丢掉了，时间一晃就过去了。"（伟大的马克思主义者，中国共产党、中国人民解放军、中华人民共和国的主要领导人）

王选："一个人的一生中会碰到很多机会，但机遇只偏爱有准备的头脑。"（计算机激光照排技术创始人、两院院士）

居里夫人："弱者坐待良机，强者制造时机。"（法国著名波兰裔科学家）

乔治·让·蓬皮杜："一个人非常重要的才能在于他善于抓住迎面而来的机遇。机遇产生于交际中。从一定意义上说，交际是人们达到向往彼岸必不可少的桥梁。交际能以最少最快的时间获得最大的信息量。所以大凡有所作为的人从不轻视交际的功能与价值。"（法国前总统）

尼采："许多人浪费了整整一生去等待符合他们心愿的机会。"（德国哲学家）

巴尔扎克："人若一心一意地做某一件事，总是会碰到偶然的机会

的。"（法国小说家）

**贝弗里奇**："发现的历史表明，机遇起着重要的作用，但另一方面表明，即使在那些因机遇而成功的发现中，机遇也仅仅起到一部分作用。"（英国剑桥大学教授）

**卢梭**："谁成了哪一行的尖子，谁就能走运，因此，不管哪一行，我只要成了尖子，就一定会走运，机会自然会到来，而机会一来，我凭着本领就能一帆风顺。由于过度审慎，人们对于时机就会重视不够，就会坐失良机。"（法国哲学家）

**狄斯累利**："人生成功的秘诀是当好机会来临时，立刻抓住它。"（英国政治家）

**查理·尼科尔**："机遇只垂青那些懂得怎样追求她的人。"

**培根**："智者创造的机会比他得到的机会要多。"（英国文艺复兴时期散文家、哲学家）

## 三　会讲话，得机遇

"会讲话，得天下"，是清华大学一个"演讲培训班"的广告词。实际上会讲话是一种能力，而讲话有分寸是一种修养。人生由一言一行组成，讲话的能力会直接影响人的成功与否。当然如果演讲者是个成功人士，是听讲者的榜样，那会使他的讲话锦上添花！

杨利伟为什么能成为中国进入太空的第一人？因为会讲话。当年选拔航天员，是从1 000多名飞行员中初选14人，组成中国首批航天员，然后再从14人中选出3人，组成神州五号首飞梯队。

经过层层选拔，杨利伟成功入选首飞梯队。这3名航天员身体条件、心理素质、专业技术不相上下，究竟让谁上呢？领导权衡再三，决定让杨利伟上。为什么？因为他口才好，每次训练后的总结会上，他的发言

第八章　机遇使人辉煌

◆ "首飞英雄"杨利伟

有条有理，给大家印象深刻。因为中国首次载人航天飞行是举世瞩目的重大事件，会有大量的中外媒体采访中国进入太空的第一人，这就要求航天员具有很强的口头表达能力，最终杨利伟入选了。

这说明：会讲话，得机遇！专业好 + 口才好 = 成功！

## 四　快递小哥李庆恒

2020年6月，手机朋友圈被一个快递小哥刷了屏，95后、高中文化，却被作为高层次人才直接落户杭州，并获得杭州市政府100万元购房补贴、3万元车牌补贴，还在医疗保健、子女上学方面获得了照顾。

全国有300多万快递从业人员，凭什么会是95后的李庆恒？连他自己都倍感惊讶：

"快递小哥平时送送快递，怎么可能跟人才搭边呢？我完全不相信这是真实的事情。"

在从事快递的5年里，李庆恒练就了一手高效率的"绝活"，在12分钟内，作出19件快递的派送路线设计，用最少的时间、最短的路线，

## 用奋斗托举梦想

◆ 快递小哥李庆恒

确保快递准时准确送达。正是凭着这项过硬的技能获得了浙江省快递职业竞赛第一名,进而被省人社厅授予"浙江省技术能手称号"。

国家重视高技能人才的培养和褒扬,这就是机遇,之所以能被李庆恒抓住,靠的就是他平时的"准备"。这个故事很励志,它激励无数个平凡岗位上的"李庆恒"们,摩拳擦掌,为改变自己的命运而积极奋斗。

# 第九章 "坚持"比"放弃"只多一笔

## 一 "靡不有初，鲜克有终"

"坚持比放弃只多一笔"，这是《浙江工人报》一篇文章的标题，我还真数了数："坚持"16笔、"放弃"15笔，确实只差1笔，它引伸的哲理是，开始若"差之毫厘"，结局会"失之千里"。

"靡不有初，鲜克有终"，人生总会遇到困难、遇到挫折，关键在于自信、在于坚持，成功的关键不是智商，而是毅力。

中国科学技术协会主席万钢鼓励大学生："我被拒绝的论文比发表的多，不要灰心丧气，每一次做科研、写论文，都可能会面对失败，认真总结教训，找出原因，不断改进，就是最大的成果。"

俞敏洪因在校外讲课被北京大学处分，如果他从此一蹶不振，也就没有后来的"新东方"了。任正非因投资被骗，被单位除名。邓亚萍因身材矮小，被省队教练拒之门外。在一次次挫折、一次次打击面前，他们不屈不挠，终获成功。

## 用奋斗托举梦想

我也遇到过无数次挫折：初中毕业后失学务农，两次参军、两次招工的机会失去，多次"推荐上大学"被刷下等，但我仍然坚持着。宣传部门推荐我为"浙江省新农村建设带头人"两次，第一次与第二次相隔长达 9 年；人事部门推荐我为"国务院特殊津贴专家"三次，前后 6 年；工会推荐我为全国劳动模范也是三次，历经 10 年……，我依然埋头工作，因为工作是本心使然，不是为了荣誉，但终于天道酬勤，"坚持"终于得到了回报。

人生会遇到各种挫折，要学会百折不挠、毫不气馁。

没有考进名牌大学的学生要自信，俞敏洪说过："北大的毕业生成才比例并没有比其他任何大学高。"读普通大学不必见人矮三分。

身材矮一点的找女（男）朋友受挫的人要有信心，小品演员潘长江有句名言：矮个子是"浓缩了人生的精华"。邓亚萍身高 1.5 米还差点，航天员身高不高于 1.72 米，身高决定不了成才，矮小不影响伟大。

长相一般的人更不必自卑，俞敏洪揶揄说："男人的成就与相貌成反比，马云就是例证。"有一种水果其貌不扬，被称为"丑八怪"，但因味道鲜美，不知从什么时候起，被正名为"耙耙柑"了。

有位大学教授给学生出了一道题：如果一件事的成功概率是 1%，那么反复尝试 100 次，至少成功一次的概率是多少？备选答案有四个：10%、23%、38%、63%。经过十几分钟的热烈讨论，大部分都选了 10%，少部分选 23%，极个别选 38%，而最高的概率 63% 却没人敢选。

老教授沉默片刻，微笑着公布正确的答案：成功率是 1%，就意味着失败率是 99%，反复尝试 100 次，那么失败率就是 99% 的 100 次方，约等于 37%，因此成功的概率是：100%−37%=63%！

全班哗然，学生们都很震惊，没想到反复尝试一件事，成功的概率竟然就能由 1% 奇迹般地上升到 63%！每个大学生都学过概率，都相信这个计算是准确的，只是以前没有算过。

## 第九章 "坚持"比"放弃"只多一笔

这道理谁都能理解，但能够坚持的人却很少；这概率谁都会计算，就看谁能"坚持"到最后！

### 二 "坚持"的格言警句

**毛泽东**："往往有这种情形，有利的情况和主动的恢复，产生于'再坚持一下'的努力之中。"（伟大的马克思主义者，中国共产党、中华人民解放军、中华人民共和国的主要缔造者和领导人）

**钱学森**："常常是最后一把钥匙打开了门。不要失去信心，只要坚持不懈，就终会有成果的。"（两弹一星功勋奖章获得者、两院资深院士）

**马云**："永远不要跟别人比幸运，我从来没想过我比别人幸运，我也许比他们更有毅力，在最困难的时候，他们熬不住了，我可以多熬一秒钟、两秒钟。"（阿里巴巴集团创始人）

**韩寒**："人生最精彩的不是实现梦想的瞬间，而是坚持梦想的过程。"（中国青年作家）

**段永基**："凡是有成就有作为的人都具备两条素质：一是创新精神，不迷信、敢突破；二是坚忍不拔的精神，干任何事情都可能有三灾八难，五痨七伤，以及天有不测风云等；成功者和失败者的唯一差别，就是在这种时候有没有坚持下去的钢铁般的意志，我认为现代中国青年也应该有这两种素质。"（四通集团董事长）

**陆游**："古人学问无遗力，少壮工夫老始成。纸上得来终觉浅，绝知此事要躬行。"（南宋文学家、爱国诗人）

**刘秀**："有志者事竟成也。"（东汉王朝开国皇帝）

**达尔文**：成功，就是在你坚持不住的时候，再坚持一下。如果说我有什么功绩的话，那不是我有才能的结果，而是勤奋有毅力的结果。（英国生物学家，进化论的奠基人）

# 用奋斗托举梦想

**洛克菲勒：**"世界上没有一样东西可以取代毅力。才干也不可以，怀才不遇者比比皆是，一事无成的天才很普遍；教育也不可以，世上充满了学无所用的人。只有毅力和决心无往不利。"（美国实业家，美孚石油公司创始人）

**爱迪生：**"伟大人物最明显的标志就是他坚强的意志。不管环境如何变换，他的初衷和希望不会有丝毫改变，终将克服困难达到预期的目的。"（世界著名发明家、物理学家、企业家）

**海伦·凯勒：**"坚定的信心，能使平凡的人们，做出惊人的事业。"（美国现代女作家、教育家、社会活动家）

**牛顿：**"我并无特别过人的智慧，有的只是坚持不懈的思索精力而已。胜利者往往是从坚持最后五分钟的时间中得来成功。"（英国著名物理学家、百科全书式"全才"）

## 三　坚持就能成功

2017年《浙江工人日报》刊登一文"'坚持'比'放弃'只多一笔"，作者高新华叙述了他的亲身经历。

高中毕业后我没能如愿考上大学，随叔叔做了一名建筑工人，整日不是搬钢筋就是搅拌混凝土。由于超强度的劳动，身体十分困乏，内心极度悲观失落，我的梦想是做一名伟大的建筑商而不是一名普通的建筑工人。正在迷茫的时候，叔叔带了几本建筑方面的书给我，让我多看点书。于是很多个雨天或者傍晚，当大家沉浸在打牌谁输了就在谁的脸上贴纸条的快乐中时，我全身心地投入在书本里，自得其乐。书籍给我勇气和力量，让我逐渐开朗，拥有了自信。

同我一起看书的，还有一个叫刘勇的男孩子，天资聪慧，巧舌如簧，却因家境贫寒，没能继续深造。他说他将来要做一名光鲜、体面的律师。于是在每个闲暇时分，他都把自己扔进律师资格考试的题海里。可是，刘勇考了几次总是名落孙山。他后来走了，到深圳打工去了，听说待遇不错，比之前高好几倍。我心灰意冷，一度也想放弃，打算跟他去深圳闯天下。但后来看到一本书上说："'坚持'比'放弃'只多一笔，只有坚持才能获得成功。"我心动了一下，数了数，"坚持"比"放弃"果真只差一笔。我反复地想我未来的出路，想那个建筑商的梦想，思虑良久，我终于下定决心，我要在这个岗位上坚持下去。

我白天干活，晚上看书，时不时研究我所修建的建筑结构是否合理，会存在哪些弊病，怎样施工会更加合理。因为提了几个建设性建议，我的才能被公司发现，后来被委以重任。我逐步不负众望，终于从普通的建筑工人一步一步做到了项目负责人。经过几十年的坚持和不懈努力，最终做到总经理的位置。

那天碰到刚回乡的刘勇，酒酣耳热之际，他无限感慨地说，你如今实现了梦想，而我如今还在深圳混饭吃，我的梦被搁在了沙滩上。我笑了笑回答他，"'坚持'比'放弃'只多一笔，如果你那时坚持了，现在坐在我对面的，一定是位叱咤风云的大律师。"他苦涩地笑了笑，没接我的话。他律师考了三次，虽然都没有成功，但一次比一次接近成功，最后的那次，他只差一分。

这个故事印证了一首民谣："三十三天天外天，白云里面出神仙。神仙本是凡人做，只怕凡人心不坚。"

## 四 坚守 22 年铸"天眼"

南仁东，1963 年以吉林省理科状元的成绩考入清华大学无线电系，在中国科学院研究生院获得硕士、博士学位，长期在中国科学院北京天文台工作。他为了抢占世界科学技术高峰，于 1994 年提出"500 米

## 用奋斗托举梦想

口径球面射电望远镜（FAST）工程"的概念；同年开始工程选址，跋涉在中国西南的万山丛中，先后对比1 000多个喀斯特洼地，历时12年选定理想的工程位置。2012年"FAST工程"启动，南仁东担任首席科学家兼总工程师。他坚守22年，心无旁骛、殚精竭虑，终于建成500米口径的望远镜，铸就了世界上独一无二的国之重器。2016年9月25日"FAST工程"落成启用前，南仁东罹患肺癌，患病后依然坚持工作，仍从北京飞往贵州，亲眼见证自己耗费22年心血的国之重器落成。

◆ "大国重器"南仁东

2017年，南仁东获"CCTV 2016年度科技创新人物"。在颁奖典礼上，他以沙哑的声音竭尽全力表示："这个荣誉来得太突然，而且太沉重，我觉得我个人盛名之下其实难副。但是我知道这沉甸甸的奖励，不是给我个人的，是给一群人的。"这年7月，南仁东因病逝世，享年72岁，"天眼"梦圆，而"天眼之父"却过早离去。2018年10月，南仁东夫人给中国天文台领导的信，我抄在笔记本中：

"我的先生南仁东就是千千万万中国知识分子当中的普通一员，普通得不能再普通。是这时代成就了他，是他点点滴滴平凡的工作折射出不平凡的光辉；是博大精深的中华文化滋养了他，养成他淡泊名利、坚持真理、一诺千金、善良勤劳的优秀品格；是无数科技泰斗教育和影响了他，给予他渊博的知识，铸就他敢为人先、迎难而上、坚忍不拔的科学精神。"

## 第九章 "坚持"比"放弃"只多一笔

读了催人泪下,也从信中看到了南仁东身后一位不平凡的女性。

2019年9月17日,南仁东被授予"人民科学家"国家荣誉称号。

### 五 "奥冠"的秘诀:"坚持到底"

奥运会铅球冠军巩立姣,1989年出生在河北石家庄一户普通农家,从省队到国家队,一路历尽坎坷曲折,每天练习投球200次,每天举铁800多公斤,但如此拼命地苦练,得到的成绩却不尽人意,之前她参加过三届奥运会:

2008年北京奥运会,成绩19.20米,第三名;

2012年伦敦奥运会,成绩20.22米,第二名;

2016年里约奥运会,成绩19.39米,第四名。

这年她28岁,已过了运动员的"黄金年龄",有人劝她:"退役吧,该结婚了!"巩立姣咬咬牙,没有

◆ 奥运冠军巩立姣

退,因为她登上最高领奖台的梦想还没有实现。

2021年8月1日东京奥运会,惊天一吼,成绩20.58米!巩立姣终于把五星红旗披在了肩上,她含着泪说:"为了这一天,我等了21年!"别人问她成功的秘诀,她说:"唯一的秘诀就是坚持到底,永不放弃,我做到了!"

# 第十章　差距在于时间利用

## 一 "荣誉是加班得来的"

成功者没有八小时之外！

时间，是构成生命的材料。一个人把时间、精力花在什么地方，决定了他生命的质量。归根结底，能把人区别开来的，不是智商和情商，而在于时间的利用。

我切身的体会："荣誉都是加班加出来的！"

2014年春晚，推出一首新歌《时间都去哪儿了》：

时间都去哪儿了？还没好好感受年轻就老了，

时间都去哪儿了？还没好好看看你眼睛就花了，

时间都去哪儿了？转眼就只剩下满脸的皱纹了。

歌词打动了无数人，大家扪心自问：我的时间都去哪儿了，上班时间有几小时在工作？业余有否在做有意义的事？

**"一万小时定律"**　这是指从平凡到卓越，起码需经历一万小时的锤炼。人们都赞叹爱迪生是天才，他却说："年轻的时候每天工作19个小时，50岁以后嘛、要注意养生了，所以很注意，每天工作不超过18个小时。"他的成就来自"数十万小时定律"，以工作时间计算，爱迪生的寿命超过了200岁。

**荣誉出自加班** 大约10年前，我读到一位先进人物的事迹介绍，其中介绍他"20年干了40年的工作"，咋看一惊，然后一算，我的学习和工作时间也是正常工作时间的两倍：上班时间一般比别人多1个小时；晚上3个小时读报刊杂志，自喻"蜜蜂采蜜"；节假日用于学习和写作，自喻"蜜蜂酿蜜"；电视只看新闻，足球联赛、篮球比赛和电视剧都舍不得看；每星期"加班"共35个小时，大部分单位的上班时间是7小时，一周工作35小时，正好是两倍。在2004年表彰浙江省劳动模范大会期间，时任浙江省委书记的习近平接见时，我与奥运会冠军朱启南并肩而站，却不知道他是什么冠军，但我常常以运动员"场上几分钟，场下十年功"的拼搏精神激励自己。

## 二 "时间"的格言警句

**阎肃** "问一问，人的一生有几天。算一算，人的一生不过三天。跑过去的是昨天，奔过来的是明天，正在过去的是今天。不要忘记昨天，认真计划明天，好好把握今天。但愿明天，今天已成昨天，而你依然在我身边。春梦无痕，秋夜缠绵，如歌岁月，似水流年。但愿明天，今天已成昨天，而我依然在你心间。"（著名文学家、剧作家，歌剧《江姐》的作者，2019年获"最美奋斗者"称号）

**侯祥麟** "每天只工作8小时，当不了科学家。"（中国化学工程学家、两院院士）

**陶渊明** "盛年不重来，一日难再晨。及时当勉励，岁月不待人。"（东晋末年田园诗人）

**屈原** "百金买骏马,千金买美人;万金买高爵,何处买青春。"(战国时期楚国诗人、政治家)

**列宁** "浪费别人的时间等于谋财害命,浪费自己的时间等于慢性自杀!"(无产阶级革命的伟大导师,前苏联的缔造者)

**高尔基** "世界上最快而又最慢,最长而又最短,最平凡而又最珍贵,最容易被人忽视而又最令人后悔的就是时间。"(前苏联著名作家)

**马克思** "一切节约,归根到底都归结为时间的节约。"(国际共产主义运动的开创者,全世界无产阶级和劳动人民的革命导师)

**富兰克林:**"时间就是生命的本质。你热爱生命吗?那么别浪费时间,因为时间是构成生命的材料。"(18世纪美国政治家、物理学家,避雷针发明人)

**达尔文:**"我从来不认为半小时是微不足道的、很小的一段时间。""我相信我没有偷过半小时的懒。"(英国生物学家,进化论奠基人)

**爱迪生:**"生命太短暂了,我还有许多事情要做,一定要抓紧时间。"(世界著名发明奖、物理学家、企业家)

**爱因斯坦:**"人的成就和差异决定于其业余时间。业余时间生产着人才,也生产着懒汉、酒鬼、牌迷、赌徒。由此不仅使工作业绩有区别,也区分出高低优劣的人生境界。"(美国和瑞士双国籍物理学家)

## 三 与时间赛跑的陈薇

陈薇,女,1966年生于浙江兰溪,从小就是一名成绩优异的"学霸"。她1988年毕业于浙江大学,获得学士学位;同年被免试推荐到清华大学攻读硕士,1991年获得清华大学工学硕士学位;该年4月特招入伍,1998年获军事医学科学院博士学位,入选军事医学A类人才库。

陈薇始终以军人冲锋的姿态，与病毒赛跑、与时间赛跑。

**狙击"非典"** 2003年"非典"来袭，把陈薇推向了历史舞台。当时很多医务人员感染了"非典"，37岁的陈薇临危受命奔赴一线，研制预防SARS病毒疫苗，为了和病毒赛跑，她带领团队在负压环境的试验室里，每天工作十多个小时。在隔离奋战的100多天里她没有一天回家，跑遍全国83个定点医院，在高危人群中指导用药、收集数据；她的团队研制的药剂，在全国1.4万名医务人员中使用

后无一例感染，成功率达到100%，她保护了医务人员和身后的1.4万个家庭，一战封神，她是名副其实的狙击"非典"的顶梁柱。

**"终结"埃博拉** 2006年，当大多数国人不知道埃博拉为何物时，陈薇敏锐地认识到"埃博拉离我们也就是一个航班的距离"，为此她对这个烈性病毒提前开展相关研究，谁也没有想到陈薇成了埃博拉病毒的"吹哨人"。2014年，西非埃博拉病毒爆发，陈薇率队奔赴非洲，在非洲疫区的一年中，完成了埃博拉疫苗的临床试验，用短短4个月时间研制出世界首个基因型埃博拉疫苗，有人评价她是"埃博拉的终结者"。陈薇2015年被授予专业技术少将军衔，2019年当选中国工程院院士。

**抗击新冠疫情** 2020年春节期间，新冠疫情蔓延，陈薇再次与时间赛跑，大年初二就率队抵达武汉一线。快，是她的特质，走路快、说话快、工作节奏快，仅用四天时间就研发出检测试剂盒。

## 用奋斗托举梦想

2020年1月28日，美国宣称其科学家将在12周内研制出新冠病毒疫苗。面对咄咄逼人的挑战，陈薇淡淡地说："我相信我们国家科研人员的速度不会亚于美国。"于是她带领团队争分夺秒，经过50多天的连续奋战，重组新冠疫苗在全球第一个进入人体注射试验。同年3月16日，疫苗获批正式启动临床试验，她不顾个人安危，伸出右臂，让助手为她注射第一针，令无数从电视上看到这一镜头的国人感动落泪。在这场包括美国在内的全球疫苗研制赛跑中，赢得时间就是赢得胜利，陈薇再次为祖国赢得了尊严。2020年9月，国家主席习近平向陈薇颁发了"人民英雄"国家荣誉称号。

### 四 "不抱怨，靠自己"的崔万志

崔万志，安徽肥东人，是个脑瘫患者，走路弯弯扭扭、摇摇晃晃，说话结结巴巴、口齿不清，9岁才上小学，在其父亲鼓励下，刻苦学习，成绩优异。1994年以全县第三名成绩考上重点中学，却被校长拒之门外："我们不收残疾人，你就是考上了也没人要，还浪费我们一个名额。"父亲下跪2个小时，校长不为所动。父亲鼓励儿子："抱怨没有用，一切靠自己！"1998年考入3 500公里外的新疆石河子大学。大学毕业后投了200多份简历，没人愿意录用，从此再也没有找工作。改变不了世界，就改变自己。2002年开网吧，拥有数百台电脑，网络给了他平等机会。2003年做电商平台，2007做网店，亏了数十万元。

◆ 励志榜样崔万志（引自百度）

2008年买机器、招裁缝，做"崔志恋"商标旗袍，创造一分钟销售4 000件神话。2012年创下年销售7 000万元奇迹，当年被评为阿里巴巴"全球十大网商"。

崔万志，没有时间抱怨"命运不公"，而把时间用于创新创业、艰苦奋斗。他的结论是："抱怨没有用、一切靠自己！""只要有梦想，就一定有希望！""选择抱怨，内心充满痛苦、黑暗和绝望，选择感恩，我们的内心就充满阳光、希望和爱！"

崔万志，是珍惜时间、珍惜生命、励志成才的榜样。

# 感悟"金句"

1. 在学习和工作中，能遇上一位好的老师、好的领导，是人生的机遇，是一生的幸事。只是由于种种原因，错过的机会远远多于抓住的机遇。

2. 从书中汲取智慧、摄取营养，涵养正确的世界观、人生观、价值观，塑造昂扬向上的精神世界，人的"三观"比五官更重要。

3. 读书很重要，"书到用时方恨少"；实践更重要，"绝知此事要躬行"；知行合一最重要，谁把理论与实践结合得最好，谁就是最成功的人。

4. 读书与用书的关系，就如同"看地图"与"勘现场"的道理。查看地图，就能迅速找到目的地的经纬方向；但只有实地踏勘，才能发现地图中存在的谬误和当地已经发生的变化，这样才能作出符合实际的方案或决定。

5. 如果万事谨小慎微，奢求毫无风险，遇事总把"小概率"事件放大，畏葸不前，就会失去许多成功的机会。

6. 善于从历史和现实中寻找榜样、发现榜样，并默默地向他们学习，"蓬生麻中，不扶自直"，即使不能超越他们，也会使自己变得更加优秀。

7. 这本书使我明白了感恩的维度，只有感恩家庭，才能快乐生活；只有感恩单位，才能愉快工作；只有感恩社会，才有幸福的人生。所以要常怀感恩之心。

8. 我崇尚这句话："**好梦自己圆，万事靠人帮**。"精辟地阐明了"自身奋斗"与"贵人相助"两者之间的辩证关系，当然是以前者为主，只有自己努力，贵人才会相助，机遇才能相遇。

9. "靡不有初，鲜克有终"，人生总会碰到困难、遇到挫折，关键在于自信、在于坚持，成功的关键不是智商，而是毅力。

10. 时间，是组成生命的材料。一个人把时间、精力花在什么地方，决定了他生命的质量。归根结底，能把人区别开来的，不是智商和情商，而在于时间的利用。我的切身体会："荣誉都是加班加出来的"。

# 结束语

多年来，是《祖国不会忘记我》的豪迈旋律激励着我：

在茫茫的人海里，我是哪一个？

在奔腾的浪花里，我是哪一朵？

在辉煌事业的长河里，那永远奔腾的就是我。

我把青春融进、融进祖国的江河，山知道我，江河知道我，祖国不会忘记我……

"奋斗者、永远是年轻"，壮志未与心俱老。中国科学院"80"后院士刘嘉麒说出了我的心声："也不是觉悟高，人活一辈子总要给社会留点东西。人不能忘本，自己是花了国家和老百姓的钱才有了学习机会，要尽可能回报给社会、回报给老百姓才行。"

2021年4月，91岁的著名指挥家郑小瑛亮相国家大剧院"中国交响乐

◆ 91岁的郑小瑛在国家大剧院指挥

之春"音乐会。指挥完成下半场,这位前中央歌剧院的首席指挥,面对音乐的激情与专注,忘记了自己的年龄。中央电视台主持人问她:"91岁还需要工作吗?"郑小瑛快言快语:"不工作干什么呢?工作就是我的生活。"

"及时当勉励,岁月不待人",他们是我新的榜样,虽不能至、心却向往之。我将有一分热、发一分光,继续为科学技术普及贡献力量,为青年励志鼓劲,努力回报社会,以感恩伟大的时代、感恩美丽的家乡。

# 后记——《中国水利报》征文获奖

就在本书稿"搁笔"之际，2023年2月底，我收到《中国水利报》编辑部的通知，我的一篇征文"良师益友36年"获得了一等奖且名列48位获奖者之首，这是意外的惊喜！该文是报社约稿，为"我与《中国水利报》的故事"的征文，仅是真情实感的表达。

获奖消息得到了亲友的点赞和鼓励：

水利部一位网名"WAG"的领导："报缘情深、祝贺获头等奖！"

中国农业节水及农村供水协会秘书长吴玉芹即兴送诗："莫道年高无事成，榜样力量似无穷……"

宁波市水利学会秘书长张松达："祝贺！情真意切！"

绍兴堂兄："细读征文，我门外汉也竖起了大拇指！"

余姚市委宣传部一位网名"仙女"的干部加了"转发按语"：

"祝贺余姚水利专家奕永庆'良师益友36年'获得了《中国水利报》征文一等奖，在48名获奖者中名列第一。细读原稿，这份与水利报的情缘，就是一位水利专家的励志故事，也是他扎根农业节水灌溉技术研发、宣传推广，造福社会同时收获丰富的人生。故事简洁、脉络清晰，值得一读。对处在迷茫焦灼的年轻人来说，如何沉下心来，从社会需要入手，加强学习实践，务实创新，在服务好社会的同时收获丰盈的人生具有很强的指导意义。"

## 附件：我与《中国水利报》的故事征文

### 良师益友 36 年

1982年春天，我从浙江水利水电专科学校（现浙江水利水电学院）毕业，分配到余姚市水利局工作。1986年1月《中国水利报》创刊，从此伴我成长、成熟，乃至退休，至今整整36年，我从中获取知识、汲取力量，这报纸成了我的良师益友。

### "岗位成才天地宽"

20世纪80年代，我的工作主要是泵站改造，有时得站在水中、挥舞大铁锤，感到很苦、想调动工作。有一天从《中国水利报》上读到一篇文章，题目是"岗位成才天地宽"，内容是一位有文字特长的水利人原来感到专业不大对口，也想调动工作，这时领导让他撰写水利志，几年后成为大家公认的"水利通"，不久职务得到了升迁，于是全心投身于水利，我看了很受启发，从此安下心来，默默地寻找岗位成才的结合点。

当时中央提出两个必须："经济建设必须依靠科学技术，科学技术必须面向经济建设。"于是我就在农业这个经济建设的主战场寻找技术转化的课题。1990年在水利报上读到了一篇对河海大学"水稻控制灌溉"技术的报道，其中介绍不增加生产成本，仅改变灌水方法，能够节水52%、增产14%，还能优化米质。我眼睛一亮，这不是"第一生产力"的典型技术吗！当时水稻用水量占余姚市总用水量的50%左右，余姚已有一座水库向城区水厂供水，我意识到水库"农转非"是大势所趋，于是有了"缺水从节水抓起，节水从农业抓起，农业节水从水稻抓起"的思路，从1993年开始在余姚推广"水稻薄露灌溉"技术，这是浙江试验总结的水稻节水灌溉技术，本质上就是控制灌溉，而操作方法更简单。

  我的推广方法也是创新的：操作方法是浙江的"薄灌水、常露田"；科学理论是河海大学的"为什么少灌点水，水稻反而会增产"；推广方法是广西壮族自治区水利厅的"像宣传计划生育那样宣传科学灌溉"。这项技术实现了"少灌百方水、多收一担粮"的效益，引起了浙江省水利厅的重视。1994年7月浙江省政府召开现场会、部署在浙江全省推广，到1997年推广面积达到500万亩。我因此获得了"全国农业科技推广先进工作者"荣誉，证书上盖有国家科委、人事部、农业部、水利部等6个带国徽的大红印章，这是我获得的第一个"省部级奖"，尝到了岗位成才的甜头。

## "余姚农民为何热衷喷滴灌"

  受《中国水利报》报道的启发，我从2000年开始研究降低喷滴灌工程造价，把创造学、技术经济学、优化设计三门新学科理论应用于喷滴灌设计，形成"经济型喷滴灌"技术并积极推广。2004年10月14日水利报以整个版面对此作了报道，标题为"余姚农民为何热衷喷滴灌"，配了多张照片，还配了"新闻背景""相关链接"和节水灌溉"小知识"。我知纸上字、字字皆辛苦，我为记者和编辑的付出感动。这篇报道激励了我，于是全身心投入，推广速度快、成效显著，农民和农村干部反响热烈，引起了浙江省水利厅乃至浙江省政府领导的重视。2008—2015年间,三任副省长先后作出6次批示、4次专程考察、召开2次全省现场会,浙江省政府两次发出推广文件。其中一位副省长评介:"经济型喷滴灌是转变我省农业增长方式的切入点,是农业增效、农民增收的好技术。"一位省长的批示有200多字:"发展节水灌溉是大势所趋,更是浙江所需……"。到2018年全省新发展喷滴灌230万亩,成为南方喷滴灌面积占比最高的省(区)。

在喷滴灌技术推广过程中,《中国水利报》作了多次报道。我相继获得国务院特殊津贴专家、国际节水技术奖、全国劳动模范等荣誉,水利事业实现了我人生价值,饮水思源,衷心感谢《中国水利报》。

## "三峡工程、功盖千秋"

退休后我经常作水利科普讲座,讲好水利故事。大约5年前,一位初中同学好友发来一则视频,并布置"作业":"请水利专家回答"。视频内容是一位归国博士,被境外别有用心者蛊惑,并受"极端环保人士"影响,回国伊始,就罗列了一大堆三峡工程"罪名",结论是"三峡工程应该××",用词极端,令人愤慨。

我从收藏的《中国水利报》报剪中重温了大量对三峡工程效益的报道,很有些"腹有诗书气自华"的底气,我回答:"任何一项工程都有利有弊,关键是'两利相权从其重,两害相权从其轻',三峡工程是国之大器",在列举了一系列效益以后我说:"就凭221.5亿立方米的防洪效益,以及年发电1 000亿度的绿色能源这两条,三峡工程就功盖千秋,其他弊端都属'从轻'之列"。我问那位博士,有些发达国家的水电开发率已达到80%以上,我国还不到50%,如不开发水电能源,你能提出有利无弊的"万全之策"吗?我建议他学会辩证看问题,例如汽车的"利"是快捷和方便,但也有许多"弊":占用马路、消耗能源、污染空气，全球每年因交通事故死亡 100 多万人，其中极大部分是汽车，你怎么不去呼吁"炸掉汽车"？

## "学原文、悟原理"

我对《中国水利报》还有一点感觉特别好，每当新华社发表习近平的重要文章，该报每次都全文刊登，这点连《人民日报》都没有做到，经常只发新华社的新闻稿。习总书记多次提倡"学原文、悟原理"，因为学原文具有整体性、系统性，与在新闻稿中看摘要的收获是不一样的。例如 9 月 16 日发表的《坚持和发展中国特色社会主义要一以贯之》一文，其中有这样一段："从我国历史看，朝代时间长的有夏朝 400 多年、商朝约 600 年、西周约 300 年、东周 500 多年、西汉 215 年、东汉 195 年、唐朝 290 年、明朝 277 年、清朝 267 年……"，读者会更深刻感受到习近平总书记通古博今的人格魅力和借故喻今的治国能力，而这段文字在新闻稿中没有。

退休后我仍自费订阅《中国水利报》，从这里了解国家大事、水利大事，还喜欢看历代治水先人的故事和当代水利人的奋斗事迹，这份水利人的报纸已融入我的精神生活，祝她永葆青春、越办越好。

## 附录1　本人摘抄的主要励志格言

1. 少壮不努力，老大徒伤悲。
    ——《乐府诗集·长歌行》　（于1964年摘抄）
2. 有志不在年高，无志枉长百岁。
    ——石成金《传家宝·俗谚》　（于1964年摘抄）
3. 感觉到了的东西，我们不能立刻理解它，只有理解了的东西才能更深刻地感觉它。感觉只解决现象问题，理论才解决本质问题。
    ——毛泽东《实践论》　（于1965年摘抄）
4. 世界是你们的，也是我们的，但是归根结底是你们的。你们青年人朝气蓬勃，正在兴旺时期，好像早晨八九点钟的太阳。希望寄托在你们身上。
    ——毛泽东1957年接见中国留苏学生时讲话　（于1965年摘抄）
5. 哪里有天才，我是把别人喝咖啡的工夫都用在工作上的。
    ——鲁迅　（于1966年摘抄）
6. 人是要有一点精神的。
    ——毛泽东　（于1968年摘抄）
7. 人的一生应当这样度过：当他回首往事的时候，不会因虚度年华而悔恨，也不会因碌碌无为而羞愧。
    ——《钢铁是怎样炼成的》　（于1968年摘抄）
8. 在科学的道路上没有平坦的大路可走，只有在崎岖小路上攀登的不畏劳苦的人，才有希望到达光辉的顶点。
    ——马克思　（于1968年摘抄）

9. 哲学家们只是用不同的方式解释世界，而问题在于改造世界。

　　——马克思　（于1968年摘抄）

10. 艰苦使人坚强，爱情使人幸福。

　　——马克思夫人燕妮　（于1968年摘抄）

11. 聪明出于勤奋，天才在于积累。

　　——华罗庚　（于1969年摘抄）

12. 人生能有几回搏，此时不搏待何时。

　　——容国团　（于1976年摘抄）

13. 我不知道世人对我怎样看，不过我自己觉得自己好像是在海边玩耍的一个孩子，为一会儿拾到一块光滑的石子、一会儿发现一个美丽的贝壳而感到高兴。

　　——牛顿　（于1978年摘抄）

14. 啊，亲爱的朋友们，创造奇迹要靠谁？要靠我、要靠你，要靠我们八十年代新一辈；但愿到那时我们再相会，举杯赞英雄，光荣属于谁，为祖国、为"四化"，流过多少汗，回首往事心中可有愧？

啊，亲爱的朋友们，让我们自豪地举起杯，挺胸膛、笑扬眉，光荣属于八十年代新一辈！

　　——《年轻的朋友来相会》歌词　（于1981年摘抄）

15. 我既没有突出的理解力，也没有过人的机智，只是在觉察那些稍纵即逝的事物并对其进行仔细观察的能力上，我可能在众人之上。

　　——达尔文　（于1981年摘抄）

16. 在通往成功的道路上，这些大师伟人（高尔基、鲁迅、居里夫人、斯蒂芬、富兰克林），自然有其过人的智慧和学识，但更重要的是他们人穷志不穷，他们都有一颗可贵的自强不息之心。

所谓主观努力，说到底就是在各方面都勤奋、进取，保持旺盛的斗志和持久不衰的热情。无数事实证明，在相同的历史环境和时代条件下，人们对于社会所作的贡献的大小,总是与其艰苦奋斗的努力程度成正比的。

——以上两句摘自《人生就是奋斗》,作者为潘益大　（于1982年摘抄）

17. 光有知识是不够的,还应当应用;光有愿望是不够的,还应当行动。

——德国著名思想家歌德　（于1982年摘抄）

18. 凡事都要脚踏实地去做,不驰于空想,不骛于虚声,而惟以求真的态度作踏实的工夫,以此态度求学,则真理可明,以此态度做事,则功业可就。

——李大钊　（于1982年摘抄）

19. 用一个大圆圈代表我所学到的知识,但圆圈之外是那么多的空白,对我来说就意味着无知。而且圆圈越大,它的圆周就越长,它与外界的接触面也就越大。由此我感到不懂的地方还多得很呢。

20. 人的差异在于业余时间,业余时间生产着人才,也生产着懒汉、酒鬼、牌迷、赌徒。由此不仅使工作业绩有区别,也区分出了高低优劣的人生境界。

21. 我从来不把安逸和快乐看作是生活目的本身——这种伦理基础,我叫它猪栏的理想。

22. 人只有献身于社会,才能找出那实际上是短暂而有风险的生命的意义。

——以上4句均为爱因斯坦名言　（于1983年摘抄）

23. 古人学问无遗力,少壮工夫老始成。纸上得来终觉浅,绝知此事要躬行。

——宋代大诗人陆游　（于1984年摘抄）

24. 宝剑锋从磨砺出,梅花香自苦寒来。少壮不经勤学苦,老来方悔读书迟。书到用时方恨少,事到经过才知难。板凳要坐十年冷,文章不写一句空。智慧源于勤奋,伟大出自平凡。

——陆游《警世贤文》　（于1984年摘抄）

25. 少年易老学难成，一寸光阴不可轻。未觉池塘春草梦，阶前梧叶已秋声。

——宋代著名思想家朱熹 （于1985年摘抄）

26. 寻找祖国最需要的事情去做，自己到第一线去做。

——国家气象局陶诗言院士 （于1986年摘抄）

27. 理想头顶天，实践脚踏地。

——浙江大学原校长潘云鹤对研究生寄语 （于1987年摘抄）

28. 献身科技就没有权再像普通人那样的活法，必然会失掉常人能享受的不少乐趣，但也会得到常人享受不到的许多乐趣。

——当代毕昇、双院士王选 （于1988年摘抄）

29. 一个人事业上的成功，只有15%是由于他的专业技术，另外的85%要依赖人际关系、处世技巧，软与硬是相对而言的，专业技术是硬本领，善于处理人际关系则是软本领。

30. 朝着一定目标走去是"志"，一鼓作气中途绝不停止是"气"，两者合起来就是"志气"，一切事业的成败都取决于此。

——以上两句摘自美国成人教育家戴尔·卡耐基的名言（于1989年摘抄）

31. 读书三年，便谓天下无病可治；治病三年，便谓天下无方可用。

——唐代名医孙思邈 （于1991年摘抄）

32. 想象力比知识更重要。因为知识是有限的，而想象力是无限的，它包含了一切，推动着进步，是人类进化的源泉。

——爱因斯坦 （于1993年摘抄）

33. 回顾人类文明史，任何超越人类认识常规的伟大发明和发现，总需要给人们一个逐渐认识、逐渐理解、逐渐接受的过程。

——朱镕基 （于1993年摘抄）

34. 勤能补拙是良训，一分辛苦一分才。

　　——华罗庚　　（于1994年摘抄）

35. 天才是百分之一的灵感加上百分之九十九的汗水，当然没有那百分之一的灵感，世界上所有的汗水加在一起，也不过是汗水而已。

　　——爱迪生　　（于1995年摘抄）

36. 弱者坐待时机；强者制造时机。

　　——居里夫人　　（于1996年摘抄）

37. 我们不能等待将来，然而我们可以创造未来。

　　——《大学英语》　　（于1997年摘抄）

38. 唔！天才就是这样，终身努力便成天才。

　　——俄国科学家、化学家门捷列夫　　（于1999年摘抄）

39. 世事洞明皆学问，人情练达即文章。

　　——《红楼梦》第五回　　（于2000年摘抄）

40. 存活下来的物种，并不是最强的和最聪明的，而是最能适应变化的。物竞天择，适者生存。

　　——达尔文　　（于2001年摘抄）

41. 我从未觉得自己的出身平凡成为人生的障碍。在我的残疾越来越严重时，我的科学声望越来越高。我要使我的书成为机场书摊上出售的那种书。

　　——剑桥大学教授霍金　　（于2003年摘抄）

42. 做好自己的本职工作就是最大的政治。

　　——钟南山院士　　（于2003年摘抄）

43. 但得夕阳无限好，何须惆怅近黄昏。

　　——现代散文家、诗人朱自清　　（于2004年摘抄）

44. 虽然我这么多年没有跳过舞，但我一直没有停止生命的舞蹈，我想生命的舞蹈可能比现实的舞蹈更美丽。

　　——著名残疾人作家张海迪　　（于2005年摘抄）

45. 每天只工作8小时当不了科学家。

　　——"科技界的榜样"、双院士侯祥麟　（于2006年摘抄）

46. 最重要的往往是简单的，可以毫不夸张地说，不知道简单就不知道复杂。

47. 一个人的成功，起主导作用的是人主观的才干和勤奋，机遇也有一定关系。但是，也要看你能否抓住机遇，利用和发挥机遇的作用。

　　——以上两句系诺贝尔物理学奖获得者李政道的名言　（于2007年摘抄）

48. 我的秘诀就是聚焦和简单，简单比复杂更难，你的想法必须变得清晰、简洁，让它变得简单。因为你一旦做到了简单，你就能移动整座大山。

　　——美国苹果公司创办人乔布斯　（于2008年摘抄）

49. 坚持把简单的事情做好就是不简单，坚持把平凡的事情做好就是不平凡。所谓成功就是在平凡中做出不平凡的坚持。

　　——海尔总裁 张瑞敏　（于2009年摘抄）

50. 一个没有激情的人生是灰色的人生。

　　——著名乒乓球运动员陈静　（于2009年摘抄）

51. 坚定的信心，能使平凡的人们，做出惊人的事业，对于凌驾于命运之上的人来说，信心就是生命的主宰。

　　——美国著名女作家海伦·凯勒　（于2010年摘抄）

52. 在茫茫的人海里，我是哪一个？在奔腾的浪花里，我是哪一朵？……在辉煌事业的长河里，那永远奔腾的就是我。

不需要你认识我，不需要你知道我，我把青春融进、融进祖国的山河。山知道我，江河知道我，祖国不会忘记、不会忘记我。

　　——《祖国不会忘记》歌词　（于2011年摘抄）

53. 一个人的成功不取决于他的智力，而是毅力。

　　——香港首富李嘉诚　（于2013年摘抄）

54. 万有引力无法对坠入爱河的人负责。在天才和勤奋之间，我毫不犹豫地选择后者，她几乎是世界上一切成就的催产婆。

——爱因斯坦 （于 2014 年摘抄）

55. 苦难的命运，对懦弱者来说，就是苦难的深渊；对于意志顽强者来说，就是攀登的阶梯。

——摘自《笑面人》，作者为雨果 （于 2016 年摘抄）

56. 历史由每一个今天写就。天上不会掉馅饼，努力奋斗才能梦想成真。

——习近平主席 2017 年新年献词 （于 2017 年摘抄）

57. 变老的时候，一定要变好，要变到所能达到的最好。犹如瓜果成熟、焰火腾空，舒缓地释放出最后的优美。最后的香和爱意，最后的，竭尽全力。

——敬一丹的朗诵词《变老的时候》，作者为李琦 （于 2017 年摘抄）

58. 心有境界行则正，腹有诗书气自华。会说话是一门学问，有分寸则是一种修养。语言最能暴露一个人，恰当的时候说话是智慧，沉默的恰当也是一种智慧。知道怎么说话，知道何时说话，知道不乱说话，是一种了不得的软实力。

人是由一言一行沉淀组成的，你怎么说话，决定你是谁。一个人情商高，正是因为适当的时候说适当的话。懂得谨言慎行，照顾他人的感受，才是智慧之举。

——以上两句均录自网络 （于 2017 年摘抄）

59. 真正的人才都是自学成才的，一个人是否真能够成才，不取决于名校和名师，只能取决于自己，具体地说取决于自己的志趣、理想和执着精神。

——武汉大学原校长刘道玉 （于 2017 年摘抄）

60. 幸福都是奋斗出来的。

——习近平主席 2018 年新年献词 （于 2018 年摘抄）

61. 有权的人，在法律允许内，一句话可以救人，成人之美，是天使。感恩是成功的阶梯，报怨是成功的坟墓。芸芸众生，能量相同，没有发挥而已，发挥上天赋予的本来就有的能量，你的希望指日可待。

　　——一位山东大妈　　（于2018年摘抄）

62. 要想成功，需要"四分"——天分、勤奋、缘分、本分。天分，你必须是干这件事的料，铁杵才能磨成针，木棍再磨也只是根牙签；勤奋，所有成功的人都是勤奋的人；缘分，就是把握好机会；本分，最重要的是本分，前三条加在一起可以让你成为"大腕"，但只有本分才能让你成为"大家"。

　　——著名文学家阎肃　　（于2018年摘抄）

63. 一个人最好学两门专业，在专业边缘的接合处，恰恰会有新的发现。科学精神需要专注，只有专注，才会去发现、去质疑、去探索。人一辈子，就是要把一件事做好，这样很值得。

　　——中国探月工程首任首席科学家欧阳自远　　（于2019年摘抄）

64. 我们这一代人最大的幸运，就是能把自己的梦想融入改革开放的伟大浪潮，与时代同向，与祖国同行。一定要争气，中国人在国内一样可以做出国际领先的成果。但不要觉得自己很牛了，我们还有许多东西要跟外国学习、交流，开放和交流不能停止。

　　——中国科学院院士潘建伟　　（于2019年摘抄）

65. 伟大出自平凡，平凡造就伟大。只要有坚定的理想信念、不懈的勤奋精神，脚踏实地把每件平凡的事做好，一切平凡的人都可以获得不平凡的人生，一切平凡的工作都可以创造不平凡的成就。

　　——习近平在国家勋章和国家荣誉称号颁授仪式上讲话　　（于2019年摘抄）

66. 我想成为一个像电话交换机一样的人，从无数的电话线路中收集信息，对信息进行分类，然后将它们传送给全世界。

　　——美国黑石集团共同创始人苏世民　　（于2020年摘抄）

67. 困难，经历的时候是困难，战胜后是最令人自豪的资本！拼搏的人生没有终点！

——前中国女排总教练郎平　（于 2020 年摘抄）

68. 上帝既造就天才，也造就傻瓜，这不取决于天赋，完全是个人努力程度不同的结果。我的手指还能活动、大脑还能思考，我有终生追求的理想，有我爱和爱我的亲人和朋友，我还有一颗感恩的心。

——英国剑桥大学物理教授霍金　（于 2021 年摘抄）

69. 霍金的成功，在于他懂得如何发挥自己生命的潜力，身体残疾了，头脑还能工作，他充分利用思维能力，让它发挥出能量。没有霍金，人们对黑洞的认识也许还要推迟很多年。

——张海迪《生命的追问》　（于 2021 年摘抄）

70. 生命的长度是有限的，但宽度和厚度却是无限的。我必须跑得更快，才能跑赢时间。

——"人民英雄"国家荣誉称号获得者张定宇　（于 2021 年摘抄）

71. 你的信心往往决定了你办事的结果。艺术家的杰作往往是由许多微小的变动和修改才产生的。

——奥里森·马登《成功的基本法则》　（于 2021 年摘抄）

72. 你怎么让人家了解你的工作，支持你的工作？这就需要科普，需要科技人员做科学普及工作。很多领导干部不是学科学的，你的科普要他们听懂才行！

——钱学森 1996 年关于科普的谈话　（于 2022 年摘抄）

73. 国家为我们提供了这么好的训练条件，让我们可以心无旁骛地追逐梦想，感谢祖国成就了我们，感谢这个伟大的时代。

——短道速滑 500 米世界记录保持者武大靖　（于 2022 年摘抄）

## 附录 2　本人阅读的主要励志书籍

1.《奔向明天的科学》 茅以昇等著，中国少年儿童出版社　（于 1966 年首次阅读）

2.《在科学的世界里》 郭以实著，中国少年儿童出版社　（于 1966 年首次阅读）

3.《钢铁是怎样炼成的》〔苏〕尼古拉·奥斯特洛夫斯基，人民文学出版社　（于 1968 年首次阅读）

4.《历史唯物主义》〔苏〕康士坦丁诺夫主编，人民出版社（于 1969 年首次阅读）

5.《中国通史简编》 范文澜著，商务印书馆　（于 1969 年首次阅读）

6.《鲁迅杂文书信选》 鲁迅，浙江人民出版社　（于 1972 年首次阅读）

7.《科学发现纵横谈》 王梓坤著，上海人民出版社　（于 1980 年首次阅读）

8.《自学轨道上的新星》 叶永烈著，河北人民出版社　（于 1982 年首次阅读）

9.《塑造美的心灵》 李燕杰著，上海人民出版社　（于 1982 年首次阅读）

10.《人生就是奋斗》 潘益大著，上海人民出版社　（于 1982 年

## 附录 2　本人阅读的主要励志书籍

首次阅读）

11.《蒋筑英》　中科院长春光机所，吉林人民出版社　（于 1983 年首次阅读）

12.《罗健夫》　罗健夫，工人出版社　（于 1983 年首次阅读）

13.《大学语文》　徐中玉著，华东师大出版社　（于 1984 年首次阅读）

14.《发明与创新》　月刊，中国发明协会主办，1988—2016 年连续订阅 29 年，共 348 期　（于 1988 年首次阅读）

15.《新编中国史话》　郭伯南、刘福元著，上海人民出版社（于 1989 年首次阅读）

16.《发明与革新的技巧》　关原成著，山西科学教育出版社（于 1989 年首次阅读）

17.《语言的突破》〔美〕卡耐基著，中国文艺出版社　（于 1989 年首次阅读）

18.《辩证唯物主义和历史唯物主义原理》　李秀林编，中国人民大学出版社　（于 1989 年首次阅读）

19.《成功者的行事方式》〔美〕艾德·布利斯著，中国广播出版社　（于 1990 年首次阅读）

20.《理想启示录·奋斗者的足迹》　程元、李国庆等著，海洋出版社　（于 1990 年首次阅读）

21.《时间简史》〔英〕史蒂芬·霍金著，许名贤、吴忠超译，湖南科学技术出版社　（于 1990 年首次阅读）

22.《童年·在人间·我的大学》〔苏联〕高尔基，海峡文艺出版社　（于 1992 年首次阅读）

23.《卡耐基大传》　大卫·克林著，成都出版社　（于 1992 年首次阅读）

24.《脚踏实地走向成功》 钟道隆著，辽宁出版社 （于 1996 年首次阅读）

25.《自然辩证法概论》 国家教委编，高教出版社 （于 1996 年首次阅读）

26.《秋雨散文》 余秋雨著，浙江文艺出版社 （于 1996 年首次阅读）

27.《"现代科学技术革命与马克思主义"文献选编》 中国高校理工农医博士生"现代科学技术革命与马克思主义"教学协作组编，厦门大学出版社 （于 1997 年首次阅读）

28.《中国文学史》 章培恒、骆玉明主编，复旦大学出版社（于 1998 年首次阅读）

29.《科幻小说及科普作品大师阿西莫夫逸闻趣事》〔英〕米歇尔·怀特著，内蒙古人民出版社 （于 1999 年首次阅读）

30.《机遇学》 苏佳斌著，中国物资出版社 （于 2000 年首次阅读）

31.《屈辱的岁月 奋斗的征程》 国家教委基础教育司编，人民教育出版社 （丁 2002 年首次阅读）

32.《著名科学家演讲鉴赏》 戴友夫主编，山东人民出版社（于 2003 年首次阅读）

33.《创造学原理和方法》 甘自恒著，科学出版社 （于 2003 年首次阅读）

34.《大学生发明创造指南》 肖云龙编著，中南大学出版社（于 2003 年首次阅读）

35.《人类发明创造之谜》 理弘著，京华出版社 （于 2006 年首次阅读）

36.《爱迪生》 季天然著，浙江少年儿童出版社 （于 2006 年首

次阅读）

37.《爱因斯坦》 蒋思荃著,浙江少年儿童出版社 （于2006年首次阅读）

38.《季羡林谈人生》 季羡林著,当代中国出版社 （于2007年首次阅读）

39.《回望人类的发明之路》 张开逊著,北京出版社 （于2007年首次阅读）

40.《发明简史》 博言编著,中央编译出版社 （于2007年首次阅读）

41.《科技界的榜样——侯祥麟》 中央宣传部编,石油工业出版社 （于2007年首次阅读）

42.《霍金演讲录》 斯蒂芬·霍金著,杜欣欣、吴忠超译,湖南科学技术出版社 （于2008年首次阅读）

43.《把创新当成习惯》 王国安著,中央编译出版社 （于2009年首次阅读）

44.《自然科学史》 卢晓江主编,中国轻工业出版社 （于2009年首次阅读）

45.《最伟大的女科学家：居里夫人》 田辉编著,中国画报出版社 （于2009年首次阅读）

46.《杨振宁谈读书与治学》 杨振东、杨存泉编,暨南大学出版社 （于2010年首次阅读）

47.《王选传》 白晶著,江苏人民出版社 （于2010年首次阅读）

48.《袁隆平传》 吴雪琴、来斓著,江苏人民出版社 （于2010年首次阅读）

49.《钱学森》 苏建军著,石油工业出版社 （于2010年首次阅读）

50.《假如给我三天光明》〔美〕海伦·凯勒著，张卫峰译，长江文艺出版社　（于 2010 年首次阅读）

51.《感恩的心》唐晓龙著，人民出版社　（于 2010 年首次阅读）

52.《在痛苦的世界中尽力而为》俞敏洪口述、优米网编著，当代中国出版社　（于 2012 年首次阅读）

53.《乔布斯、比尔·盖茨有话说》王凡编著，中国言实出版　（于 2014 年首次阅读）

54.《中国历史上的科学发明》钱伟长著，上海大学出版社（于 2014 年首次阅读）

55.《发明创造学》王振宇著，中国工人出版社　（于 2014 年首次阅读）

56.《愿你的青春不负梦想》俞敏洪著，湖南文艺出版社　（于 2014 年首次阅读）

57.《益往直前》水均益著，长江文艺出版社　（于 2016 年首次阅读）

58.《生活总会厚待努力的人》张超凡著，人民日报出版社（于 2017 年首次阅读）

59.《前沿故事》水均益著，长江文艺出版社　（于 2017 年首次阅读）

60.《习近平的七年知青岁月》中央党校采访实录编辑室著，中央党校出版社　（于 2017 年首次阅读）

61.《黄大年》吴晶、陈聪著，时代文艺出版社　（于 2018 年首次阅读）

62.《詹天佑传》经盛鸿著，陕西人民出版社　（于 2018 年首次阅读）

63.《苦难辉煌》金一南著，作家出版社　（于 2018 年首次阅读）

64.《一生一事：顾方舟口述史》 顾方舟口述、范瑞婷整理，商务印书馆 （于2019年首次阅读）

65.《邓稼先传》 许希鹿等著，中国青年出版社 （于2019年首次阅读）

66.《褚时健传》 周桦著，中信出版集团 （于2019年首次阅读）

67.《我心归处是敦煌》 樊锦诗、顾春芳著，译林出版社 （于2019年首次阅读）

68.《练好口才的第一本书》 殷亚敏著，民主与建设出版社 （于2020年首次阅读）

69.《科学泰斗——严济慈传》 卢曙火著，杭州出版社 （于2020年首次阅读）

70.《生命的追问》 张海迪著，作家出版社 （于2021年首次阅读）

71.《世界科技发展史话》 冯士超著，江苏大学出版社 （于2022年首次阅读）

72.《译林世界名著讲义》 余斌著，译林出版社 （于2022年首次阅读）

73.《大国工程》 赵忆宁著，中国人民大学出版社 （于2023年首次阅读）

# 附录3　本人人生主要节点

1951年5月4日出生于余姚市泗门镇湖北村

1963年9月—1966年7月在泗门中学读初中

1968年8月—1974年8月回乡务农、社办企业工作，其间自学高中课程

1974年9月—1978年12月担任中学民办教师，其间的1978年7月参加高考

1979年2月17日—1982年1月17日在浙江水利水电学校大学专修班学习

1982年3月分配至余姚市水利局工作

1993年3月推广水稻薄露灌溉技术

1994年7月省政府在余姚召开水稻节水灌溉现场会

1994年9月20—24日在武汉水利电力大学参加"国际灌溉管理会议"，第一次用英语宣读论文，此后相继十次用英语发言

1994—2018年共获专利授权20件，其中发明专利15件

1995年6月21—25日在北京五洲大酒店出席"第七届国际雨水利用大会"，获优秀论文奖

1996年9月—2000年6月在武汉大学读在职硕士研究生，师从茆智院士

1996年3月—2003年12月主持高标准农田设计，省长万学远以及

一千多位领导、同行参观，日、德、美等七国30位专家考察

1997年4月7日—5月1日作为中国代表团成员，赴伊朗德黑兰出席"第八届国际雨水利用大会"

1997年10月28日获得联合国技术信息促进系统"发明创新科技之星奖"

1998年12月—2017年12月连续四届当选宁波市人大代表

1999年10月1日成为国际雨水利用协会终身会员

2000年、2004年、2006年三次被评为余姚市有突出贡献专家

2000年开始研究推广经济型喷滴灌技术，2008年5月茅临生副省长批示，并于8月、12月两次考察，2009年4月省政府现场会在余姚召开。2014年副省长黄旭明考察并批示。2015年1月9日，省长李强在我的信上批示："农业节水工作意义重大，要大力推广。"

2001年9月10日—22日作为中国代表团成员，出席在德国曼汉姆举行的"第十届国际雨水利用大会"

2002年12月被评为教授级高级工程师

2004年4月被评为宁波市劳动模范，同年9月获评浙江省劳动模范

2005年3月—2010年10月主持农村饮水安全工程建设，三年时间实现"村村通水、站站消毒"，2008年1月水利部陈雷部长考察并批示

2007年9月获评宁波市有突出贡献专家

2012年12月获评国务院特殊津贴专家

2013年9月28日—10月3日赴土耳其马丁市出席ICID国际节水奖颁奖典礼

2014年1月获浙江新农村建设带头人·金牛奖

2015年4月28日在北京人民大会堂出席"表彰全国劳动模范和先

进工作者大会",聆听习近平总书记报告

2015年10月被评为浙江省道德模范

2016年7月退休（65岁）

2019年9月获全国"农业节水科技突出贡献奖"

2020年12月获评"全国最美家庭"

2023年10月完成书稿《节水灌溉设备选型》；讲励志、写励志，终成书稿《用奋斗托举梦想》（自2008年起，15年间撰写著作七部）

# 鸣谢

承蒙余姚市水利学会和省内外多家灌溉企业的鼎力资助，遂使本书得以顺利问世，在此特向余姚市水利局领导表示诚挚的感谢！向各位热心的企业家表示衷心感谢！他们是：

宁波铜钱桥食品菜业有限公司陈亦贺董事长
宁波市富金园艺灌溉设备有限公司李惠钧董事长
余姚乐苗灌溉用具厂江经纬董事长
余姚易美园艺设备有限公司邹调娟董事长
余姚市新拓灌溉设备有限公司张建平董事长
宁波耀峰节水科技有限公司张峰董事长
余姚市赞臣自控设备厂诸晓丰董事长
宁波市铂莱斯特灌溉设备有限公司陈颖斐董事长
北京丰亿林生态科技有限公司林江董事长
浙江东生环境科技有限公司杨小云董事长
余姚市江河水利建筑设计有限公司陈起红院长
宁波市曼斯特灌溉园艺设备有限公司沈文迪董事长
上海华维可控农业科技集团股份有限公司吕名礼董事长
凌兴灌溉科技（宁波）有限公司范杰伟董事长
余姚市润绿灌溉设备有限公司陈春波董事长
宁波亿川工程管理有限公司夏鑫董事长
余姚市德成灌溉设备厂黄俞德董事长

厦门华最灌溉设备科技有限公司何光强董事长

福建阿尔赛斯流体科技有限公司张功荣董事长、张琛总经理

衷心感谢北京水源保护基金会不辞劳苦募集捐赠资金，才使本书付梓出版；

衷心感谢中央农业广播电视学校秦宁老师，为本书出版热情策划和倾心帮助；

衷心感谢中国农业科学技术出版社崔改泵编辑，为本书殚精竭虑、精心编辑；

衷心感谢国际灌溉排水委员会荣誉主席高占义热情为本书作序；

衷心感谢原浙江省人大常委会党组书记兼常务副主任、现浙江省老科技工作者协会茅临生会长为本书精心作序。